Johann Nikolaus Forkel

Über Johann Sebastian Bachs Leben, Kunst und Kunstwerke

Verlag
der
Wissenschaften

Johann Nikolaus Forkel

Über Johann Sebastian Bachs Leben, Kunst und Kunstwerke

ISBN/EAN: 9783957005670

Auflage: 1

Erscheinungsjahr: 2015

Erscheinungsort: Norderstedt, Deutschland

Hergestellt in Europa, USA, Kanada, Australien, Japan
Verlag der Wissenschaften in Hansebooks GmbH, Norderstedt

Cover: Tizian "Ländliches Konzert "

Joh: Sebast: Bach,

JOHANN NIKOLAUS FORKEL

ÜBER
JOH. SEB. BACHS LEBEN
KUNST
UND KUNSTWERKE

HALDIMANN VERLAG BASEL

Johann Nikolaus Forkel wurde noch zu Lebzeiten Johann Sebastian Bachs am 22. Februar 1749 zu Meeder bei Koburg als Sohn eines Schuhmachers geboren, und das Schicksal führte ihn schon in ganz jungen Jahren in den Lebenskreis des großen Sebastian. Wie der junge Bach, so fand auch der junge Forkel als Chorknabe an der Michaeliskirche zu Lüneburg seine erste Anstellung und konnte so das dortige Gymnasium absolvieren. 1766 kam er als Chorpräfekt nach Schwerin, wo er neben seinem Amt sich im Harfen- und Orgelspiel vervollkommnete und seine musikalische Bildung förderte an Matthesons «Vollkommenem Kapellmeister», das ist «Gründliche Anzeige aller derjenigen Sachen, die einer wissen, können und vollkommen inne haben muß, der einer Kapelle mit Ehren und Nutzen vorstehen will» (1739). Im Jahre 1769 ging er nach Göttingen, eigentlich um dort die Rechte zu studieren, wozu er sich mit Musikunterricht die Mittel verdienen wollte. Er vertiefte sich aber immer mehr in musikhistorische Studien, übernahm die Stelle eines Organisten an der Universität, wurde 1778 Universitätsmusikdirektor und erhielt 1780 den Doktortitel honoris causa. Da seine Bewerbung um die Nachfolge Ph. E. Bachs in Hamburg 1788 keinen Erfolg hatte, blieb Forkel bis zu seinem Tod am 20. März 1818 in Göttingen.

Als Komponist – er trat hervor mit gedruckten Klaviersonaten, Variationen, Liedern und einem im Manuskript hinterlassenen Oratorium, Kantaten, Trios, Sinfonien etc. – ist Forkel längst vergessen, als Musikhistoriker da-

gegen nimmt er noch immer einen wohlverdienten Ehren-
platz ein. Unter seinen Schriften ragen hervor die 1792
erschienene «Allgemeine Literatur der Musik oder Anleitung zur Kenntnis musikalischer Bücher», ein epoche-
machendes Werk, das erste in seiner Art, und die «Allgemeine Geschichte der Musik», von der jedoch nur
zwei Bände 1788 und 1801 erschienen, der erste das
Altertum behandelnd, der zweite mit dem 15. Jahrhundert endend. Forkel ist der erste deutsche und zugleich
der letzte der Historiker des 18. Jahrhunderts gewesen,
die es unternahmen, die Entwicklung der Musik von den
ersten Anfängen bis auf ihre Gegenwart vorzuführen.
Vor ihm haben Franzosen, Italiener und Engländer nach
diesem universalen Ziel gestrebt. Forkel aber übertraf
den für das enzyklopädistische Zeitalter so bezeichnen-
den Optimismus seiner Vorgänger, indem er die Idee
vom unbedingten Fortschritt in der Geschichte der Musik aufbrachte, ein Aberglaube, der bekanntlich heute
noch ab und zu in Musikerköpfen spukt. Für Forkel war
diese Fortschrittsidee natürlich kein Aberglaube und
seiner optimistischen Geisteshaltung verdanken wir auch
ein Büchlein «Über Johann Sebastian Bachs Leben,
Kunst und Kunstwerke», das heute noch unter die schönsten Schriften der Musikliteratur gehört.

Forkel wollte ursprünglich das von ihm gesammelte Ma-
terial über Bach im letzten Band seiner Musikgeschichte
verwerten; als dann aber das «Bureau de Musique» von
Hoffmeister und Kühnel in Leipzig mit dem Plan einer
kritischen Gesamtausgabe der Bachschen Werke hervor-
trat, entschloß sich Forkel, dieser Ausgabe – die übrigens

nicht zustande kam – gleichsam als Werbeschrift ein Büchlein über Bach vorauszuschicken. Die Schrift hatte Erfolg: 1820 wurde sie ins Englische und 1876 ins Französische übersetzt, 1855 erschien die zweite deutsche Auflage und 1925 kam ein von Müller-Blattau besorgter Neudruck heraus, der bis 1942 bereits dreimal neu aufgelegt werden musste. Wenn nun das Büchlein in moderner Orthographie, aber unter gewissenhafter Wahrung des originalen Wortlauts aufs neue in einem Schweizer Verlagshaus erscheint, so geschieht dies nicht zuletzt darum, weil heute mehr denn je ein wohlberechtigtes Bedürfnis besteht nach einer Ausgabe, in der Forkels Deutschtümelei als solche gekennzeichnet und nicht wie bisher von seinem Herausgeber in bewußt nationalistischem Sinn noch unterstrichen wird. Es gehört bestimmt zu den schönsten Aufgaben des Schweizer Verlages, die wissenschaftlichen Quellenwerke von dem nationalistischen Schutt zu befreien, mit dem im Deutschen Reich eine «gelenkte Wissenschaft» seit Jahrzehnten alles echte Wissen verschüttete.

Es ist gewiß das gute Recht jedes Autors, auf nationalem Boden zu stehen; wenn er aber dann die Leistungen anderer Völker herabsetzt, sollte sein Herausgeber dies nicht freudig zulassen, sondern berichtigen. Wie sehr Forkel an der deutschen Erbkrankheit laborierte, im eigenen Lande alles besser zu finden als anderswo, das zeigt schon seine Vorrede, die wir darum hier nur in ihren wesentlichen Teilen abdrucken. Man muß Forkel freilich zugute halten, daß er im Zeitalter der napoleonischen Kriege lebte. Auch war er kein so universaler Geist, um wie ein Goethe die Gefahren des Nationalismus schon damals erkennen zu können, und so sehen wir ihn mit besonderem Stolz dem Genie Bachs als einem deutschen Genie nachgehen, während wir heute doch lieber bekennen möchten, daß Bach der ganzen Menschheit geschenkt worden ist.

Was aber Forkel auszeichnet, ist eine feurige Liebe zur Tonkunst und zu ihrem Meister Johann Sebastian Bach. In der Vorrede schreibt er: «Ausgemacht bleibt es, wenn die Kunst Kunst bleiben, und nicht immer mehr zu bloß zeitvertreibender Tändelei zurücksinken soll, so müssen überhaupt klassische Kunstwerke mehr benutzt werden, als sie seit einiger Zeit benutzt worden sind. Bach, als der erste Klassiker, der je gewesen ist, und vielleicht je sein wird, kann hierin unstreitig die besten Dienste leisten. Wer seine Werke erst einige Zeit studiert hat, wird bloßen Klingklang von wahrer Musik unterscheiden, und jede Manier, die er in der Folge etwa wählen mag, als guter, unterrichteter Künstler bearbeiten. Auch vor Einseitigkeit, wohin nichts so leicht als der herrschende Zeitgeschmack führt, werden wir durch das Studium solcher Klassiker bewahrt, die den Umfang der Kunst so erschöpft haben wie Bach. Kurz, es würde für die Kunst nicht weniger nachteilig sein, wenn wir unsere Klassiker auf die Seite werfen wollten, als es für den guten Geschmack in der Gelehrsamkeit nachteilig werden würde, wenn das Studium der Griechen und Römer aus unsern Schulen verbannt werden sollte. Der Geist der Zeit, der mehr aufs Kleine und auf den augenblicklichen Genuß gerichtet ist als auf das Große, das erst mit einiger Mühe und sogar Anstrengung errungen werden muß, hat wirklich wenigstens den Vorschlag zur Verbannung der Griechen und Römer aus unsern Schulen hier und da schon veranlaßt; es ist nicht zu zweifeln, daß ihm auch unsere musikalischen Klassiker ungelegen sind; denn recht beim Lichte besehen, muß er sich wirklich in seiner großen Armut vor ihnen herzlich schämen, und am allermeisten vor unserem fast überreichen Bach.

Möchte ich nur imstande sein, die erhabene Kunst dieses *Ersten* aller deutschen und ausländischen Künstler recht nach Würden zu beschreiben! Nächst der Ehre, selbst ein so großer, über alles hervorragender Künstler zu sein, wie er es war, gibt es vielleicht keine größere, als eine so ganz vollendete Kunst gehörig zu würdigen und mit Verstand davon reden zu können. Wer das letztere vermag, muß mit dem Künstler selbst nicht ganz unähnlichen Geistes und Sinnes sein, hat also gewissermaßen die schmeichelhafte Vermutung für sich, daß er vielleicht auch das erstere vermocht haben würde, wenn ähnliche äußere Veranlassungen ihn auf die dazu erforderliche Bahn geführt hätten. Aber ich bin nicht so unbescheiden zu glauben, daß ich je eine solche Ehre erringen könnte. Ich bin vielmehr innigst überzeugt, daß keine Sprache in der Welt reich genug ist, um alles damit auszudrücken, was von dem hohen Wert und von dem erstaunlichen Umfang einer solchen Kunst gesagt werden könnte und müßte. Je genauer man damit bekannt wird, desto höher steigt unsere Bewunderung für sie. All unser Rühmen, Preisen und Bewundern derselben wird stets bloß gutgemeintes Lallen und Stammeln sein und bleiben. Wer Gelegenheit gehabt hat, Kunstwerke mehrerer Jahrhunderte miteinander zu vergleichen, wird diese Erklärung nicht übertrieben finden; er wird vielmehr selbst der Meinung geworden sein, daß man von Bachischen Werken, wenn man sie völlig kennt, nicht anders als mit Entzücken und von einigen sogar nur mit einer Art von heiliger Anbetung reden könne. Seine Handhabung des innern Kunstmechanismus können wir allenfalls begreifen und erklären; aber wie er es gemacht hat, diesem ebenfalls nur von ihm erreichten so hohen Grad der mechanischen Kunst zugleich den lebendigen Geist einzuhauchen, der uns auch im geringsten seiner Werke so deutlich anspricht, wird wohl stets nur gefühlt und angestaunt werden können.»

Diese Liebe vor allem hat Forkels Büchlein über Bach bis heute lebendig und lesenswert erhalten. Daneben ist es die überaus glückliche Verbindung der Erfahrungen des praktischen Musikers mit den Kenntnissen des hochgebildeten Musikwissenschaftlers, die Forkel dazu befähigte, als erster eine Bach-Biographie zu schreiben, die heute noch nur ganz wenige Berichtigungen und einige Ergänzungen nötig hat. Schließlich kommt dem Büchlein auch noch die Bedeutung eines Quellenwerks zu, denn Forkel stand nicht nur inmitten einer damals noch lebendigen Bach-Tradition, er fußt mit seinen Ausführungen auch auf Äußerungen zweier Söhne des Meisters. In der Vorrede berichtet Forkel darüber: «Meine Nachrichten verdanke ich den beiden ältesten Söhnen Joh. Seb. Bachs. Beide kannte ich nicht nur persönlich, sondern habe auch lange Jahre hindurch mit ihnen, am meisten aber mit

C. Ph. Emanuel in beständigem Briefwechsel gestanden. Die Welt weiß, daß beide selbst große Künstler waren; aber sie weiß vielleicht nicht, daß sie von der Kunst ihres Vaters bis an ihr Ende nie anders als mit Begeisterung und Ehrfurcht sprachen. Da ich von früher Jugend an dieselbe Verehrung für die Kunst ihres Vaters hatte, so war sie im Gespräch sowohl als in den Briefen sehr häufig der Gegenstand unserer Unterhaltung. Diese Unterhaltungen haben mich nach und nach mit allem, was Joh. Seb. Bachs Leben, Kunst und Kunstwerke betrifft, so bekannt gemacht, daß ich nun hoffen darf, dem Publikum nicht nur etwas Ausführliches, sondern auch zugleich etwas Nützliches davon sagen zu können.»

Ein eigentliches Quellenstudium, wie man es heute von einem Biographen erwartet, hat Forkel freilich nicht betrieben. Er kannte den von Ph. Emanuel und Agricola verfassten Nekrolog auf Sebastian im 4. Band der Mizlerschen «Musikalischen Bibliothek» (1754) und außer den mündlichen Angaben Wilhelm Friedemanns und Philipp Emanuels benutzte er zwei Briefe des letzteren, die dieser ihm zusammen mit der von Sebastian angelegten Genealogie des Bachschen Geschlechts übersandte, und die unter den Bach-Urkunden von Max Schneider publiziert worden sind (Veröffentlichung der Neuen Bachgesellschaft, Jg. XVII, Heft 3). Daher kommt es, daß Forkel zwar nicht viel Falsches, aber doch auch vieles nicht sagt, das seine Nachfolger dann mit gründlicher Gelehrsamkeit darlegten. Wer daher sich eingehender mit Bach befassen will, sei auf folgende Hauptwerke der Bachliteratur verwiesen: Philipp Spitta: Joh.

Seb. Bach, 1873–1880, 2 Bde; Albert Schweitzer: J. S. Bach, 1908; Ernst Kurth: Grundlagen des linearen Kontrapunkts, 1917; Charles Sandford Terry: Johann Sebastian Bach, deutsche Ausgabe, 1929. Mit seiner Liebe für Bach war Forkel zu seinen Lebzeiten zwar in guter, aber auch in sehr kleiner Gesellschaft. Die eigentliche Bach-Renaissance setzte erst nach seinem Tode ein. Auch die monumentalen Gesamtausgaben der Bachschen Werke und den Aufstieg der Bachforschung erlebte Forkel nicht mehr. Sein Büchlein aber wird auch in der vollkommensten Spezialliteratur einen Platz behaupten und vollends dem musikalischen Laien bedeutet es in seiner Knappheit und in seiner lebendigen Sprache nach wie vor der schönste Führer zu Johann Sebastian Bachs Leben, Kunst und Kunstwerke.

I.

Wenn es je eine Familie gegeben hat, in welcher eine ausgezeichnete Anlage zu einer und eben derselben Kunst gleichsam erblich zu sein schien, so war es gewiß die *Bachische*. Durch sechs Generationen hindurch haben sich kaum zwei oder drei Glieder derselben gefunden, die nicht die Gabe eines vorzüglichen Talents zur Musik von der Natur erhalten hatten, und die Ausübung dieser Kunst zu der Hauptbeschäftigung ihres Lebens machten.

Der Stammvater dieser in musikalischer Hinsicht so merkwürdig gewordenen Familie hieß *Veit Bach*. Er war ein Bäcker zu Preßburg in Ungarn. Beim Ausbruch der Religions-Unruhen im sechzehnten Jahrhundert wurde er aber genötigt, sich einen andern Wohnort aufzusuchen. Er rettete von seinem Vermögen, was er konnte, und zog damit nach Thüringen, wo er Ruhe und Sicherheit zu finden hoffte. Der Ort, an welchem er sich in dieser Gegend niederließ, ist *Wechmar*, ein nahe bei Gotha liegendes Dorf. Er fing hier bald an, sich wieder mit seiner Bäcker-Profession zu beschäftigen, vergnügte sich aber nebenher bei müßigen Stunden sehr gerne mit der Cyther, die er sogar mit in die Mühle nahm, und während dem Mahlen unter allem Getöse und Geklapper der Mühle darauf spielte. Diese Neigung zur Musik pflanzte er auf seine beiden Söhne, diese wieder auf die ihrigen fort, bis nach und nach eine sehr ausgebreitete Familie entstand, die in allen ihren Zweigen nicht nur musikalisch war, sondern auch ihr Hauptgeschäft aus der Musik machte, und bald die meisten Cantor-, Organisten- und

Stadtmusikanten-Stellen der thüringischen Gegenden in ihrem Besitz hatte.

Alle diese Bache können unmöglich große Meister gewesen sein; jedoch zeichneten sich in jeder Generation wenigstens einige Glieder vorzüglich aus. Dies taten schon im ersten Viertel des siebzehnten Jahrhunderts drei Enkel des Stammvaters so merklich, daß der damals regierende Graf von Schwarzburg-Arnstadt es der Mühe wert hielt, sie auf seine Kosten nach Italien, der damaligen hohen Schule der Musik, reisen zu lassen, um sich dort noch mehr zu vervollkommnen. Inwieweit sie den Erwartungen ihres Gönners entsprochen haben mögen, kann nicht gesagt werden, da von ihren Werken nichts auf unsere Zeiten gekommen ist. Noch mehr zeichneten sich einige Glieder der vierten Generation aus, von deren Kompositionen durch *Joh. Seb. Bachs* Sorgfalt mehrere Stücke erhalten worden sind. Die merkwürdigsten darunter waren:

1. *Johann Christoph*, Hof- und Stadt-Organist in Eisenach. Dieser war vorzüglich in Erfindung schöner Melodien und im Ausdruck der Texte. Im sogenannten Bachischen Archiv, welches C. Ph. Emanuel in Hamburg besaß, fand sich unter andern eine Motette von seiner Komposition, worin er es gewagt hatte, von der übermäßigen Sexte Gebrauch zu machen, ein Wagestück, welches in seinem Zeitalter für ungeheuer groß gehalten wurde. Auch ist er der Vollstimmigkeit außerordentlich mächtig gewesen, wie ein von ihm komponiertes Kirchenstück aufs Michaelisfest über die Worte: Es erhub sich ein Streit etc. beweisen kann, welches 22 obligate Stim-

men hat, und doch in Rücksicht auf Harmonie vollkommen rein ist. Ein zweiter Beweis seiner Stärke in der Vollstimmigkeit ist, daß er auf der Orgel und auf dem Clavier niemals mit weniger als *fünf* notwendigen Stimmen gespielt haben soll. *C. Ph. Emanuel* hielt vorzüglich viel auf ihn. Ich erinnere mich noch sehr lebhaft, wie freundlich der damals schon alte Mann bei den merkwürdigsten und gewagtesten Stellen mich anlächelte, als er mir einst in Hamburg das Vergnügen machte, mich einige dieser alten Werke hören zu lassen.

2. *Johann Michael*, Organist und Stadtschreiber im Amte Gehren. Er war ein jüngerer Bruder des vorhergehenden, und gleich ihm ein vorzüglich guter Komponist. Im Bachischen Archiv befinden sich von ihm einige Motetten, worunter auch eine doppelchörige für 8 Stimmen ist, nebst verschiedenen einzelnen Kirchenstücken.

3. *Johann Bernhard*, Kammermusikus und Organist zu Eisenach. Dieser soll vorzüglich schöne Ouvertüren nach französischer Art gemacht haben.

Nicht nur die angeführten, sondern auch noch verschiedene andere vorzügliche Komponisten aus den frühern Generationen der Bachischen Familie hätten sich unstreitig weit wichtigere musikalische Ämter, sowie einen ausgebreiteten Ruf ihrer Geschicklichkeit und ein glänzenderes äußeres Glück verschaffen können, wenn sie geneigt gewesen wären, ihr Vaterland Thüringen zu verlassen, und sich anderwärts in und außerhalb Deutschland bekannt zu machen. Man findet aber nicht, daß irgend einem derselben die Lust zu einer solchen Auswanderung einmal angekommen sei. Genügsam von Natur und durch Erziehung, bedurften sie nur wenig zum Leben, und der innere Genuß, den ihnen ihre Kunst gewährte, machte, daß sie die goldenen Ketten, welche damals geachteten Künstlern von großen Herren als besondere Ehrenzeichen erteilt wurden, nicht entbehrten, sondern ohne den mindesten Neid sie an andern sahen, die vielleicht ohne diese Ketten nicht glücklich gewesen sein würden.

Außer dieser schönen, zum frohen Lebensgenuß unentbehrlichen Genügsamkeit, hatten auch die verschiedenen Glieder dieser Familie eine sehr große Anhänglichkeit aneinander. Da sie unmöglich alle an einem einzigen Orte beisammen leben konnten, so wollten sie sich doch wenigstens einmal im Jahre sehen, und bestimmten einen gewissen Tag, an welchem sie sich sämtlich an einem dazu gewählten Orte einfinden mußten. Auch dann noch, als die Familie an Zahl ihrer Glieder schon sehr zugenommen, und sich außer Thüringen auch hin und wieder in Ober- und Niedersachsen, sowie in Franken hatte verbreiten müssen, setzte sie ihre jährlichen Zusammenkünfte fort. Der Versammlungsort war gewöhnlich Erfurt, Eisenach oder Arnstadt. Die Art und Weise, wie sie die Zeit während dieser Zusammenkunft hinbrachten, war ganz musikalisch. Da die Gesellschaft aus lauter Cantoren, Organisten und Stadtmusikanten bestand, die sämtlich mit der Kirche zu tun hatten, und es überhaupt damals noch eine Gewohnheit war, alle Dinge mit Religion anzufangen, so wurde, wenn sie versammelt waren, zuerst ein Choral angestimmt. Von diesem andächtigen Anfang gingen sie zu Scherzen über, die häufig sehr gegen denselben abstachen. Sie sangen nämlich nun Volkslieder, teils von possierlichem, teils auch von schlüpfrigem Inhalt zugleich miteinander aus dem Stegreif so, daß zwar die verschiedenen extemporierten Stimmen eine Art von Harmonie ausmachten, die Texte aber in jeder Stimme andern Inhalts waren. Sie nannten diese Art von extemporierter Zusammenstimmung *Quodlibet*, und konnten nicht nur selbst recht von ganzem Herzen dabei lachen, sondern erregten auch ein ebenso herzliches und unwiderstehliches Lachen bei jedem, der sie hörte. Einige wollen diese Possenspiele als den Anfang der komischen Operette unter den Deutschen betrachten. Allein solche Quodlibete waren in Deutschland schon weit früher im Gebrauch. Ich besitze selbst eine gedruckte Sammlung derselben, die schon im Jahr 1542 zu Wien herausgekommen ist.

Sowohl die genannten fröhlichen Thüringer, als einige ihrer späteren Nachkommen, die schon einen ernsthaftern und würdigern Gebrauch von ihrer Kunst zu machen wußten, würden indessen doch der Vergessenheit der Nachwelt nicht entgangen sein, wenn nicht endlich ein Mann aus ihnen hervorgegangen wäre, dessen Kunst und Kunstruhm so helle Strahlen warf, daß auch auf sie nun ein Abglanz dieses Lichtes zurückfiel. Dieser Mann war *Johann Sebastian Bach*, die Zierde seiner Familie, der Stolz seines Vaterlandes, und der vertrauteste Liebling der musikalischen Kunst.

II.

Johann Sebastian Bach wurde im Jahre 1685 am einundzwanzigsten März zu Eisenach geboren, wo sein Vater *Johann Ambrosius* Hof- und Stadtmusikus war. Dieser hatte einen Zwillingsbruder, *Johann Christoph*, Hof- und Stadtmusikus zu Arnstadt, der ihm so ähnlich war, daß selbst ihre beiderseitigen Frauen sie nicht anders als durch die Kleidung voneinander unterscheiden konnten. Diese Zwillinge sind vielleicht die einzigen ihrer Art und die merkwürdigsten, die man kennt. Sie liebten sich aufs zärtlichste; Sprache, Gesinnung, der Stil ihrer Musik, ihre Art des Vortrags etc., alles war einander gleich. Wenn einer krank war, war es auch der andere. Auch starben sie bald nacheinander. Sie waren ein Gegenstand der Bewunderung für jeden, der sie sah.

Im Jahr 1695, als *Joh. Sebastian* noch nicht volle 10 Jahre alt war, starb sein Vater. Die Mutter war schon früher gestorben. Er sah sich daher nun so verwaist, daß er seine Zuflucht zu einem ältern Bruder, *Johann Christoph*, welcher Organist in *Ohrdruf* war, nehmen mußte. Von diesem bekam er den ersten Unterricht im Clavierspielen. Seine Neigung und Fähigkeit zur Musik muß aber um diese Zeit schon sehr groß gewesen sein, denn diejenigen Handstücke, die ihm sein Bruder zum Lernen gab, waren so bald in seiner Gewalt, daß er mit großer Begierde sich nach schwereren Stücken umzusehen anfing. Die berühmtesten Clavierkomponisten jener Zeit waren *Froberger, Fischer, Johann Casp. Kerl, Pachelbel, Buxtehude, Bruhns, Böhm* etc. Er hatte gemerkt, daß sein

Bruder ein Buch besaß, worin mehrere Stücke der genannten Meister gesammelt waren, und bat ihn herzlich, es ihm zu geben. Allein es wurde ihm stets verweigert. Die Begierde nach dem Besitz des Buches wurde durch die Verweigerung immer größer, so daß er endlich desselben auf irgend eine Art heimlich habhaft zu werden suchte. Da es in einem bloß mit Gittertüren verschlossenen Schranke aufbewahrt wurde, und seine Hände noch klein genug waren, um durchgreifen und das nur in Papier geheftete Buch zusammenrollen und herausziehen zu können, so bedachte er sich nicht lange, von so günstigen Umständen Gebrauch zu machen. Allein aus Mangel eines Lichtes konnte er nur bei mondhellen Nächten daran schreiben, und bedurfte volle sechs Monate, ehe er mit seiner so mühseligen Arbeit zu Ende kommen konnte. Als er endlich den Schatz sicher zu besitzen glaubte, und ihn nun heimlich recht benutzen wollte, wurde der Bruder die Sache gewahr, und nahm ihm die so schwer gewordene Abschrift ohne Gnade und Barmherzigkeit wieder ab, die er auch nicht eher als nach dem bald darauf erfolgten Tod dieses Bruders wieder erhielt.

Aufs neue verwaist ging nun *Joh. Sebastian* in Gesellschaft eines seiner Mitschüler, mit Namen *Erdmann*, nachherigen russisch-kaiserl. Residenten in Danzig, nach Lüneburg, und ließ sich daselbst im Chor der Michaelisschule als Diskantist aufnehmen. Seine schöne Diskantstimme verschaffte ihm hier ein gutes Fortkommen; allein er verlor sie bald, ohne sogleich eine andere gute Stimme dagegen zu erhalten.

Seine Neigung zum Clavier- und Orgelspielen war um

diese Zeit noch ebenso feurig als in den frühern Jahren, und trieb ihn an, alles zu tun, zu sehen und zu hören, was ihn nach seinen damaligen Begriffen immer weiter darin bringen konnte. In dieser Absicht reiste er als Schüler von Lüneburg aus nicht nur mehrere Male nach Hamburg, um den damals berühmten Organisten *Johann Adam Reinken* zu hören, sondern auch bisweilen nach *Celle*, um die dortige, meistens aus Franzosen bestehende Kapelle, und den französischen Geschmack, der damals in diesen Gegenden noch etwas Neues war, kennenzulernen.

Durch welche Verhältnisse er von Lüneburg nach Weimar kam, ist nicht bekannt; aber es ist gewiß, daß er im Jahre 1703, als er eben achtzehn Jahre alt war, Hofmusikus daselbst wurde. Er vertauschte aber diesen Platz schon im folgenden Jahr mit der Organisten-Stelle an der neuen Kirche zu Arnstadt, vermutlich um seiner Neigung zum Orgelspielen mehr als in Weimar nachhängen zu können, wo er für die Violine angestellt war. Hier fing er an, die Werke der damaligen berühmten Organisten, soviele er ihrer in seiner Lage habhaft werden konnte, mit dem größten Eifer sowohl für die Komposition als für die Orgelkunst zu nutzen und machte sogar zur Befriedigung seiner Wißbegierde eine Fußreise nach Lübeck, um den dortigen Organisten an der Marienkirche, *Dieterich Buxtehude*, dessen Kompositionen für die Orgel er schon kannte, auch als Orgelspieler kennenzulernen. Fast ein ganzes Vierteljahr blieb er ein heimlicher Zuhörer dieses zu seiner Zeit sehr berühmten und wirklich geschickten Organisten, und kehrte sodann mit vermehrten Kenntnissen nach Arnstadt zurück.

Die Wirkungen seines Eifers und so anhaltenden Fleißes müssen um diese Zeit schon große Aufmerksamkeit erregt haben, denn er bekam nun kurz nacheinander den Ruf zu verschiedenen Organisten-Stellen. Von Mühlhausen wurde ihm im Jahr 1707 eine solche Stelle an der St. Blasiuskirche angetragen und übergeben. Als er aber ein Jahr nach dem Antritt derselben eine Reise nach Weimar machte, und sich dort vor dem damals regierenden Herzog hören ließ, fand sein Orgelspielen so großen Beifall, daß man ihm die Hof-Organistenstelle antrug, die er auch annahm. Der vergrößerte Wirkungskreis für seine Kunst, in welchem er hier lebte, trieb ihn nun an, alles mögliche darin zu versuchen, und dies ist eigentlich die Zeitperiode, in welcher er sich nicht nur zu einem so starken Orgelspieler gebildet, sondern auch den Grund zu seiner so großen Orgelkomposition gelegt hat. Noch größere Veranlassung zur Ausbildung seiner Kunst erhielt er, als ihn sein Fürst im Jahr 1717 zum Konzertmeister ernannte, in welchem Amte er nun auch Kirchenstücke komponieren und aufführen mußte.

Händels Lehrer, der Organist und Musikdirektor *Zachau* zu Halle, starb in dieser Zeit, und der nun schon berühmte *Joh. Seb. Bach* wurde zu seinem Nachfolger berufen. Er reiste auch wirklich nach Halle, um sein Probestück daselbst aufzuführen. Er nahm jedoch, man weiß nicht aus welcher Ursache, die Stelle nicht an, sondern überließ sie einem geschickten und wohlgeratenen Zachauischen Schüler mit Namen *Kirchhof.*

Joh. Seb. Bach war nun zweiunddreißig Jahre alt geworden, hatte seine Zeit bis zu dieser Periode so genutzt,

so viel studiert, gespielt und komponiert, und durch
diesen anhaltenden Fleiß und Eifer eine solche Gewalt
über die ganze Kunst erhalten, daß er nun wie ein Riese
dastand, und alles um sich her in den Staub treten konnte.
Er war schon lange nicht bloß von Liebhabern, sondern
von Kennern bewundert und angestaunt worden, als im
Jahr 1717 der ehemals in Frankreich sehr berühmte Clavierspieler und Organist *Marchand* nach Dresden kam,
sich vor dem Könige hören ließ, und so großen Beifall erhielt, daß ihm eine ansehnliche Besoldung angeboten
wurde, wenn er königliche Dienste nehmen wollte. *Marchands* Verdienste bestanden hauptsächlich in einem sehr
feinen und zierlichen Vortrag. Seine Gedanken waren
aber leer und unkräftig, fast nach *Couperins* Art, wie man
wenigstens aus seinen Kompositionen sehen kann. Aber
Joh. Seb. Bach hatte den nämlichen feinen und zierlichen
Vortrag, und überdies noch eine Gedankenfülle, die vielleicht *Marchand* hätte schwindeln machen können, wenn
er sie gehört hätte. Dies alles wußte *Volumier*, damaliger
Konzertmeister zu Dresden. Er kannte die Allgewalt des
jungen rüstigen Deutschen über seine Gedanken und
über sein Instrument, und wollte zwischen ihm und dem
französischen Künstler einen Wettstreit veranlassen, um
seinem Fürsten das Vergnügen zu verschaffen, ihren
beiderseitigen Wert aus eigener Vergleichung bestimmen
zu können. Es wurde daher mit Vorwissen des Königs
ungesäumt eine Botschaft an *Joh. Seb. Bach* nach Weimar
gesandt, um ihn zu diesem musikalischen Wettstreit ein-
zuladen. Die Einladung wurde angenommen, und die
Reise unverzüglich angetreten. Nach der Ankunft Bachs

in Dresden verschaffte ihm Volumier zuerst die Gelegenheit, Marchand heimlich zu hören. *Bach* verlor dadurch seinen Mut nicht, sondern lud nun durch ein höfliches Billett den französischen Künstler förmlich zu einem musikalischen Wettstreit ein, erbot sich, alles was Marchand ihm aufgeben würde, aus dem Stegreife auszuführen, erbat sich aber von ihm eine gleiche Bereitwilligkeit. Da Marchand die Ausforderung annahm, so wurde mit Vorwissen des Königs Zeit und Ort des Kampfs bestimmt. Eine große Gesellschaft beiderlei Geschlechts und von hohem Range versammelte sich in dem zum Kampfplatz gewählten Hause des Marschalls, Grafen von *Flemming*. *Bach* ließ nicht auf sich warten, aber Marchand erschien nicht. Nach langem Warten ließ man sich endlich in seiner Wohnung nach ihm erkundigen, und die ganze erwartungsvolle Versammlung erfuhr nun zu ihrer größten Verwunderung, daß Marchand schon am Morgen dieses Tages von Dresden abgereist sei, ohne von irgend jemand Abschied zu nehmen. *Bach* mußte sich nun allein hören lassen, und tat es zur Bewunderung aller Anwesenden; aber *Volumiers* Absicht, den Unterschied der deutschen und französischen Kunst recht fühlbar und auffallend gemacht zu sehen, war vereitelt. Beifall erhielt *Bach* bei dieser Gelegenheit im Überfluß; aber ein Geschenk von 100 Louisdor, welches ihm der König bestimmt hatte, soll er nicht erhalten haben.

Er war noch nicht lange nach Weimar zurückgekommen, als er von dem damaligen Fürst *Leopold* von Anhalt-Köthen, der ein vorzüglicher Kenner und Liebhaber der Musik war, zu seinem Kapellmeister berufen wurde. Er nahm diese Stelle sogleich an, und verwaltete sie fast sechs Jahre, machte aber in dieser Zeit (ungefähr im Jahr 1722) eine Reise nach Hamburg, um sich daselbst auf der Orgel hören zu lassen. Sein Orgelspielen erregte hier allgemeine Bewunderung. Der alte fast hundertjährige *Reinken* hörte ihm mit besonderem Vergnügen zu, und machte ihm besonders über den Choral: *An Wasserflüssen Babylons* etc., welchen er fast eine halbe Stunde lang nach echter Orgel-Art variierte, das Kompliment: *Ich dachte, diese Kunst wäre ausgestorben; ich sehe aber, daß sie in Ihnen noch lebt. Reinken* hatte diesen Choral vor langen Jahren selbst so ausgearbeitet, und ihn als ein Werk, auf welches er viel hielt, in Kupfer stechen lassen. Sein Lob war also hier desto schmeichelhafter für Bach.

Nach *Kuhnaus* Tode im Jahr 1723 wurde *Bach* zum Musikdirektor und Cantor an der Thomasschule zu Leipzig ernannt. In dieser Stelle blieb er bis an sein Ende. Der Fürst *Leopold* von Anhalt-Köthen liebte ihn sehr; *Bach* verließ also seine Dienste ungern. Aber der bald nachher erfolgte Tod dieses Fürsten zeigte ihm doch, daß ihn die Vorsehung gut geführt hatte. Auf diesen ihm sehr schmerzhaften Todesfall verfertigte er eine Trauermusik mit vielen ganz vorzüglich schönen Doppelchören, und führte sie selbst in Köthen auf. Daß er in seiner jetzigen Lage nun auch vom Herzog von Weissenfels den Kapellmeistertitel, und im Jahr 1736 den Titel eines königl. polnischen und kurfürstl. sächsischen Hof-Compositeurs erhielt, sind eigentlich Nebendinge, nur ist dabei zu bemerken, daß der letztere Titel durch Verhältnisse veranlaßt wurde, in welche *Bach* durch sein

Amt als Cantor an der Thomasschule gekommen war.

Sein zweiter Sohn, *Carl Phil. Emanuel*, kam im Jahr 1740 in die Dienste Friedrichs des Großen. Der Ruf von der alles übertreffenden Kunst *Johann Sebastians* war in dieser Zeit so verbreitet, daß auch der König sehr oft davon reden und rühmen hörte. Er wurde dadurch begierig, einen so großen Künstler selbst zu hören und kennenzulernen. Anfänglich ließ er gegen den Sohn ganz leise den Wunsch merken, daß sein Vater doch einmal nach Potsdam kommen möchte. Allein nach und nach fing er an, bestimmt zu fragen, warum denn sein Vater nicht einmal komme? Der Sohn konnte nicht umhin, diese Äußerungen des Königs seinem Vater zu melden, der aber anfänglich nicht darauf achten konnte, weil er meistens mit zu vielen Geschäften überhäuft war. Als aber die Äußerungen des Königs in mehreren Briefen des Sohns wiederholt wurden, machte er endlich im Jahr 1747 dennoch Anstalt, diese Reise in Gesellschaft seines ältesten Sohns, *Wilh. Friedemann*, zu unternehmen. Der König hatte um diese Zeit alle Abende ein Kammerkonzert, worin er meistens selbst einige Konzerte auf der Flöte blies. Eines Abends wurde ihm, als er eben seine Flöte zurecht machte, und seine Musiker schon versammelt waren, durch einen Offizier der geschriebene Rapport von angekommenen Fremden gebracht. Mit der Flöte in der Hand übersah er das Papier, drehte sich aber sogleich gegen die versammelten Kapellisten und sagte mit einer Art von Unruhe: *Meine Herren, der alte Bach ist gekommen!* Die Flöte wurde hierauf weggelegt, und der alte *Bach*, der in der Wohnung seines Sohns abgetreten war, sogleich auf das Schloß beordert. *Wilh. Friedemann*, der seinen Vater begleitete, hat mir diese Geschichte erzählt, und ich muß sagen, daß ich noch heute mit Vergnügen an die Art denke, wie er sie mir erzählt hat. Es wurden in jener Zeit noch etwas weitläufige Komplimente gemacht. Die erste Erscheinung *Joh. Seb. Bachs* vor einem so großen Könige, der ihm nicht einmal Zeit ließ, sein Reisekleid mit einem schwarzen Cantor-Rock zu verwechseln, mußte also notwendig mit vielen Entschuldigungen verknüpft sein. Ich will die Art dieser Entschuldigungen hier nicht anführen, sondern bloß bemerken, daß sie in *Wilh. Friedemanns* Munde ein förmlicher Dialog zwischen dem König und dem Entschuldiger waren.

Aber was wichtiger als dies alles ist, der König gab für diesen Abend sein Flötenkonzert auf, nötigte aber den damals schon sogenannten alten *Bach*, seine in mehrern Zimmern des Schlosses herumstehende Silbermannische Fortepiano zu probieren*. Die Kapellisten gingen von Zimmer zu Zimmer mit, und *Bach* mußte überall probieren und fantasieren. Nachdem er einige Zeit probiert und fantasiert hatte, bat er sich vom König ein Fugenthema aus, um es sogleich ohne alle Vorbereitung auszuführen. Der König bewunderte die gelehrte Art, mit welcher sein Thema so aus dem Stegreif durchgeführt wurde, und äußerte nun, vermutlich um zu sehen, wie weit eine solche Kunst getrieben werden

---

* Die Pianofortes des Freiberger *Silbermann* gefielen dem König so sehr, daß er sich vornahm, sie alle aufkaufen zu lassen. Er brachte ihrer 15 zusammen. Jetzt sollen sie als unbrauchbar in verschiedenen Winkeln des Königl. Schlosses umherstehen.

könne, den Wunsch, auch eine Fuge mit sechs obligaten Stimmen zu hören. Weil aber nicht jedes Thema zu einer solchen Vollstimmigkeit geeignet ist, so wählte sich *Bach* selbst eines dazu, und führte es sogleich zur größten Verwunderung aller Anwesenden auf eine ebenso prachtvolle und gelehrte Art aus, wie er vorher mit dem Thema des Königs getan hatte. Auch seine Orgelkunst wollte der König kennenlernen. *Bach* wurde daher an den folgenden Tagen von ihm ebenso zu allen in Potsdam befindlichen Orgeln geführt, wie er vorher zu allen Silbermannischen Fortepiano geführt worden war. Nach seiner Zurückkunft nach Leipzig arbeitete er das vom König erhaltene Thema drei- und sechsstimmig aus, fügte verschiedene kanonische Kunststücke darüber hinzu, ließ es unter dem Titel *Musikalisches Opfer*, in Kupfer stechen, und dedizierte es dem Erfinder desselben.

Dies war *Bachs* letzte Reise. Der anhaltende Fleiß, mit welchem er besonders in seinen jüngern Jahren oft Tag und Nacht ununterbrochen dem Studium der Kunst oblag, hatte sein Gesicht geschwächt. Diese Schwäche nahm in den letzten Jahren immer mehr zu, bis endlich eine sehr schmerzhafte Augenkrankheit daraus entstand. Auf Anraten einiger Freunde, die auf die Geschicklichkeit eines aus England zu Leipzig angekommenen Augenarztes großes Vertrauen setzten, wagte er es, sich einer Operation zu unterwerfen, die aber zweimal verunglückte. Nun war nicht nur sein Gesicht ganz verloren, sondern auch seine übrige bisher so dauerhafte Gesundheit war durch den mit der Operation verbundenen Gebrauch vielleicht schädlicher Arzneimittel völlig zerrüttet. Er kränkelte hierauf noch ein ganzes halbes Jahr hindurch, bis er am Abend des dreißigsten Juli 1750 im sechsundsechzigsten Jahre seines Lebens dieser Welt entschlummerte. Am Morgen des zehnten Tages vor seinem Ende konnte er auf einmal wieder sehen und Licht ertragen. Aber wenige Stunden nachher überfiel ihn ein Schlagfluß, und dieser zog ein hitziges Fieber nach sich, dem sein abgematteter Körper, ungeachtet aller möglichen ärztlichen Hilfe, nicht mehr zu widerstehen vermochte.

So weit die Lebensgeschichte dieses merkwürdigen Mannes. Ich füge bloß noch hinzu, daß er zweimal verheiratet gewesen ist, und daß ihm in der ersten Ehe sieben und in der zweiten dreizehn Kinder geboren worden sind, nämlich elf Söhne und neun Töchter. Die Söhne hatten sämtlich vortreffliche musikalische Anlagen; sie wurden aber nur bei einigen der ältern völlig ausgebildet.

III.

Joh. Seb. Bachs Art das Clavier zu behandeln, ist von jedem, der das Glück gehabt hat, ihn zu hören, bewundert, und von allen, die selbst Ansprüche machen konnten, für gute Spieler gehalten zu werden, beneidet worden. Daß dieses so allgemein bewunderte und beneidete Clavierspielen von der Art, wie das Clavier von *Bachs* Zeitgenossen und Vorgängern behandelt wurde, sehr verschieden gewesen sein müsse, ist leicht zu begreifen; aber bis jetzt ist noch von niemand genau angegeben worden, worin diese Verschiedenheit eigentlich bestanden habe.

Wenn man von zehn gleich fertigen und geübten Spielern ein und eben dasselbe Stück spielen läßt, so wird es sich unter der Hand eines jeden anders ausnehmen. Jeder wird eine verschiedene Art des Tons aus dem Instrument ziehen, und sodann diese Töne mit einem größern oder geringern Grad von Deutlichkeit vortragen. Wovon kann diese verschiedene Ausnahme entstehen, wenn übrigens alle zehn Spieler hinlängliche Übung und Fertigkeit haben? Bloß von der Art des Anschlags, der beim Clavier eben das ist, was in der Rede die Aussprache ist. Es kommt nämlich, wenn der Vortrag sowohl im Spielen als im Reden oder Deklamieren vollkommen sein soll, auf den höchsten Grad von Deutlichkeit im Anschlag der Töne, und in der Aussprache der Wörter an. Diese Deutlichkeit hat aber gar mancherlei Grade. Schon in den untersten Graden kann man verstehen, was gespielt oder gesagt wird; es erregt aber kein Wohlgefallen beim Zuhörer, weil ihn dieser Grad von Deutlichkeit zu einiger Anstrengung seiner Aufmerksamkeit nötigt. Die Aufmerksamkeit auf einzelne Töne oder Wörter muß aber um deswillen unnötig gemacht werden, damit 'der Zuhörer sie auf die Gedanken und deren Zusammenhang verwenden kann, und dazu bedürfen wir des höchsten Grades von Deutlichkeit im Anschlag einzelner Töne, sowie in der Aussprache einzelner Wörter.

Ich habe mich oft gewundert, daß *C. Ph. Emanuel* in seinem Versuch über die wahre Art das Clavier zu spielen, diesen höchsten Grad von Deutlichkeit des Anschlags nicht ausführlich beschrieben hat, da er ihn doch nicht nur selbst hatte, sondern auch gerade hierin ein Hauptunterschied liegt, wodurch sich die Bachische Art das Clavier zu spielen, von jeder andern auszeichnet. Er sagt zwar im Kapitel vom Vortrag: «Einige Personen spielen zu klebricht, als wenn sie Leim zwischen den Fingern hätten. Ihr Anschlag ist zu lang, indem sie die Tasten über die Zeit liegen lassen. Andere haben es verbessern wollen und spielen zu kurz, als wenn die Tasten glühend wären. Es tut aber auch schlecht. Die Mittelstraße ist die beste.» Er hätte uns aber die Art und Weise lehren und beschreiben sollen, wie man auf diese Mittelstraße gelangen kann. Ich will die Sache deutlichzumachen suchen, insoweit solche Dinge ohne mündlichen Unterricht deutlichgemacht werden können.

Nach der *Seb. Bachischen* Art, die Hand auf dem Clavier zu halten, werden die fünf Finger so gebogen, daß die Spitzen derselben in eine gerade Linie kommen, die sodann auf die in einer Fläche nebeneinander liegenden Tasten so passen, daß kein einziger Finger bei vorkommenden Fällen erst näher herbeigezogen werden muß, sondern daß jeder über dem Tasten, den er etwa niederdrücken soll, schon schwebt. Mit dieser Lage der Hand ist nun verbunden: 1. daß kein Finger auf seinen Tasten fallen, oder (wie es ebenfalls oft geschieht) geworfen, sondern nur mit einem gewissen Gefühl der innern Kraft und Herrschaft über die Bewegung *getragen* werden darf. 2. Die so auf den Tasten getragene Kraft, oder das Maß des Drucks muß in gleicher Stärke unterhalten werden, und zwar so, daß der Finger nicht gerade aufwärts vom Tasten gehoben wird, sondern durch ein allmähliches Zurückziehen der Fingerspitzen nach der innern Fläche der Hand, auf dem vordern Teil des Tasten abgleitet. 3. Beim Übergange von einem Tasten zum andern wird durch dieses Abgleiten das Maß von Kraft oder Druck, womit der erste Ton unterhalten worden ist, in der größten Geschwindigkeit auf den nächsten Finger geworfen, so daß nun die beiden Töne weder voneinandergerissen werden, noch ineinanderklingen können. Der Anschlag derselben ist also, wie *C. Ph. Emanuel* sagt, weder zu lang noch zu kurz, sondern genau so wie er sein muß.

Die Vorteile einer solchen Haltung der Hand und eines solchen Anschlags sind sehr mannigfaltig, nicht bloß auf dem Clavichord, sondern auch auf dem Pianoforte und auf der Orgel. Ich will nur einige der wichtigsten anführen. 1. Die gebogene Haltung der Finger macht jede ihrer Bewegungen leicht. Das Hacken, Poltern und Stolpern kann also nicht entstehen, welches man so häufig bei Personen findet, die mit ausgestreckten oder nicht genug gebogenen Fingern spielen. 2. Das Einziehen der Fingerspitzen nach sich, und das dadurch bewirkte geschwinde Übertragen der Kraft des einen Fingers auf den zunächst darauffolgenden, bringt den höchsten Grad von Deutlichkeit im Anschlage der einzelnen Töne hervor, so daß jede auf diese Art vorgetragene Passage glänzend, rollend und rund klingt, gleichsam als wenn jeder Ton eine Perle wäre. Es kostet dem Zuhörer nicht die mindeste Aufmerksamkeit, eine so vorgetragene Passage zu verstehen. 3. Durch das Gleiten der Fingerspitze auf dem

Tasten in einerlei Maß von Druck wird der Saite gehörige Zeit zum Vibrieren gelassen; der Ton wird also dadurch nicht nur verschönert, sondern auch verlängert, und wir werden dadurch in den Stand gesetzt, selbst auf einem so tonarmen Instrument, wie das Clavichord ist, sangbar und zusammenhängend spielen zu können. Alles dies zusammengenommen hat endlich noch den überaus großen Vorteil, daß alle Verschwendung von Kraft durch unnütze Anstrengung und durch Zwang in den Bewegungen vermieden wird. Auch soll *Seb. Bach* mit einer so leichten und kleinen Bewegung der Finger gespielt haben, daß man sie kaum bemerken konnte. Nur die vordern Gelenke der Finger waren in Bewegung, die Hand behielt auch bei den schwersten Stellen ihre gerundete Form, die Finger hoben sich nur wenig von den Tasten auf, fast nicht mehr als bei Trillerbewegungen, und wenn der eine zu tun hatte, blieb der andere in seiner ruhigen Lage. Noch weniger nahmen die übrigen Teile seines Körpers Anteil an seinem Spielen, wie es bei vielen geschieht, deren Hand nicht leicht genug gewöhnt ist.

Man kann indessen die angeführten Vorteile alle besitzen, und doch noch ein schwacher Clavierspieler sein, so wie jemand eine völlig reine und schöne Aussprache haben, und doch noch ein schlechter Deklamator oder Redner sein kann. Um starker Spieler zu sein, sind noch viele andere Vorzüge erforderlich, welche Bach ebenfalls in höchster Vollkommenheit besaß.

Der natürliche Unterschied der Finger an Größe, sowie an Stärke, verleitet sehr häufig die Clavierspieler, sich da, wo es nur irgend möglich ist, bloß der stärkern zu bedienen, und die schwächern zu vernachlässigen. Dadurch entsteht nicht nur eine Ungleichheit im Anschlage mehrerer aufeinander folgender Töne, sondern sogar eine Unmöglichkeit, gewisse Sätze, wobei keine Auswahl der Finger stattfindet, herauszubringen. *Joh. Seb.* fühlte dies bald, und um einer so fehlerhaften Bildung abzuhelfen, schrieb er sich besondere Stücke, wobei die Finger beider Hände in den mannigfaltigsten Lagen notwendig alle gebraucht werden mußten, wenn sie rein herausgebracht werden sollten. Durch solche Übungen bekamen alle seine Finger beider Hände gleiche Stärke und Brauchbarkeit, so daß er nicht nur Doppelgriffe und alles Laufwerk mit beiden Händen, sondern auch einfache und Doppeltriller mit gleicher Leichtigkeit und Feinheit auszuführen vermochte. Sogar solche Sätze hatte er in seiner Gewalt, worin, während einige Finger trillern, die übrigen derselben Hand eine Melodie fortzuführen haben.

Zu all diesem kam nun noch die von ihm ausgedachte neue Fingersetzung. Vor ihm und noch in seinen Jugendjahren, wurde mehr harmonisch als melodisch, auch noch nicht in allen vierundzwanzig Tonarten gespielt. Weil das Clavier noch gebunden war, so daß mehrere Tasten unter eine einzige Saite schlugen, so konnte es noch nicht rein temperiert werden; man spielte also nur aus solchen Tonarten, die sich am reinsten stimmen ließen. Von diesen Umständen kam es, daß selbst die damaligen größten Spieler den Daumen nicht eher gebrauchten, als bis er bei Spannungen durchaus unentbehrlich wurde. Da *Bach* nun anfing, Melodie und Harmonie so zu vereinigen, daß selbst seine Mittelstimmen nicht bloß begleiten, sondern ebenfalls singen mußten, da er den Gebrauch der Tonarten teils durch Abweichung von den damals auch in der weltlichen Musik noch sehr üblichen Kirchentönen, teils durch Vermischung des diatonischen und chromatischen Klanggeschlechts erweiterte, und nun sein Instrument so temperieren lernte, daß es in allen vierundzwanzig Tonarten rein gespielt werden konnte; so mußte er sich auch eine andere, seinen neuen Einrichtungen angemessenere Fingersetzung ausdenken, und besonders den Daumen anders gebrauchen, als er bisher gebraucht worden war. Einige haben behaupten wollen, *Couperin* habe in seinem 1716 herausgekommenen Werk: *l'art de toucher le Clavecin*, schon vor ihm dieselbe Fingersetzung gelehrt. Allein, teils war *Bach* um diese Zeit über dreißig Jahre alt, und hatte seine Fingersetzung schon lange angewendet, teils ist auch die Applikatur *Couperins* von der Bachischen noch sehr verschieden, ob sie gleich den häufigern Gebrauch des Daumens mit ihr gemein hat. Ich sage nur: den häufigern; denn in der Bachischen Fingersetzung wurde der Daumen zum Hauptfinger gemacht, weil ohne ihn in den sogenannten schweren Tonarten durchaus nicht fortzukommen ist; bei *Couperin* hingegen nicht, weil er weder so mannigfaltige Passagen hatte, noch in so schweren Tonarten setzte oder spielte wie *Bach*, folglich auch keine so dringende Veranlassung dazu hatte. Man darf nur die Bachische Fingersetzung, so wie sie *C. Ph. Emanuel* entwickelt hat, mit Couperins Anweisung vergleichen, so wird man bald finden, daß sich mit der einen alle, auch die schwersten und vollstimmigsten Sätze rein und leicht herausbringen lassen, mit der andern aber höchstens in Couperins eigenen Clavierkompositionen, und sogar auch da noch mit Schwierigkeit, durchzukommen ist. Übrigens kannte Bach Couperins Werke und schätzte sie so wie die Werke mehrerer französischer Clavierkomponisten aus jenem Zeitraum, weil man eine nette und zierliche Spielart aus ihnen lernen kann. Doch hielt er sie auch für zu geziert, weil ein allzu häufiger Gebrauch von den Manieren darin gemacht wird, so daß fast keine Note von ihnen verschont bleibt. Außerdem hatten auch die darin enthaltenen Gedanken für ihn nicht genug Gehalt.

Aus der leichten, zwanglosen Bewegung der Finger, aus dem schönen Anschlage, aus der Deutlichkeit und Schärfe in der Verbindung aufeinanderfolgender Töne, aus der vorteilhaften neuen Fingersetzung, aus der gleichen Bildung und Übung aller Finger beider Hände, und endlich aus der großen Mannigfaltigkeit seiner melodischen Figuren, die in jedem seiner Stücke auf eine neue, ungewöhnliche Art gewendet sind, entstand zuletzt ein so hoher Grad von Fertigkeit und (man könnte fast sagen) Allgewalt über das Instrument in allen Tonarten, daß es nun für *Seb. Bach* fast keine Schwierigkeiten mehr gab. Sowohl bei seinen freien Fantasien, als beim Vortrag seiner Kompositionen, in welchen bekanntlich alle Finger beider Hände ununterbrochen beschäftigt sind, und so fremdartige ungewöhnliche Bewegungen machen müssen, als die Melodien derselben selbst fremdartig und ungewöhnlich sind, soll er doch eine solche Sicherheit gehabt haben, daß er nie einen Ton verfehlte. Auch besaß er eine so bewundernswürdige Fertigkeit im Lesen und Treffen anderer Clavierwerke (die freilich sämtlich leichter als die seinigen waren), daß er einst, als er noch in Weimar lebte, gegen einen seiner Bekannten äußerte, er glaube wirklich, es sei ihm möglich, alles ohne Anstoß beim ersten Anblick zu spielen. Er hatte sich aber geirrt. Der Bekannte, gegen den er sich so geäußert hatte, überzeugte ihn davon, ehe acht Tage vergingen. Er lud ihn eines Morgens zum Frühstück zu sich, und legte auf den Pult seines Instruments außer andern Stücken auch eines, welches dem ersten Ansehen nach sehr unbedeutend zu sein schien. *Bach* kam und ging seiner Gewohnheit nach sogleich zum Instrument, teils um zu spielen, teils um die Stücke durchzusehen, welche auf dem Pulte lagen. Während er diese durchblätterte und durchspielte, ging sein Wirt in ein Seitenzimmer, um das Frühstück zu bereiten. Nach einigen Minuten war Bach an das zu seiner Bekehrung bestimmte Stück gekommen und fing an, es durchzuspielen. Aber bald nach dem Anfange blieb er vor einer Stelle stehen. Er betrachtete sie, fing nochmals an, und blieb wieder vor ihr stehen. Nein, rief er seinem im Nebenzimmer heimlich lachenden Freunde zu, indem er zugleich vom Instrument wegging: Man kann nicht alles wegspielen, es ist nicht möglich!

Nicht minder groß war seine Fertigkeit, Partituren zu übersehen und ihren wesentlichen Inhalt beim ersten Anblick auf dem Clavier vorzutragen. Auch nebeneinander gelegte einzelne Stimmen übersah er so leicht, daß er sie sogleich abspielen konnte. Dieses Kunststück machte er oft, wenn jemand etwa ein neues Trio oder

Quartett für Bogeninstrumente bekommen hat, und nun gern hören wollte, wie es klinge. Er konnte ferner aus einer ihm vorgelegten, oft schlecht bezifferten einzelnen Baßstimme augenblicklich ein Trio oder Quartett abspielen; ja er ging sogar bisweilen so weit, wenn er gerade fröhlicher Laune und im vollen Gefühl seiner Kraft war, zu drei einzelnen Stimmen sogleich eine vierte zu extemporieren, also aus einem Trio ein Quartett zu machen. Zu solchen Künsten bediente er sich zweier Claviere und des Pedals, oder eines mit einem Pedal versehenen Doppelflügels.

Am liebsten spielte er auf dem Clavichord. Die sogenannten Flügel, obgleich auch auf ihnen ein gar verschiedener Vortrag stattfindet, waren ihm doch zu seelenlos, und die Pianoforte waren bei seinem Leben noch zu sehr in ihrer ersten Entstehung, und noch viel zu plump, als daß sie ihm hätten Genüge tun können. Er hielt daher das Clavichord für das beste Instrument zum Studieren, so wie überhaupt zur musikalischen Privatunterhaltung. Er fand es zum Vortrag seiner feinsten Gedanken am bequemsten, und glaubte nicht, daß auf irgend einem Flügel oder Pianoforte eine solche Mannigfaltigkeit in den Schattierungen des Tons hervorgebracht werden könne, als auf diesem zwar tonarmen, aber im Kleinen außerordentlich biegsamen Instrument.

Seinen Flügel konnte ihm niemand zu Dank bekielen; er tat es stets selbst. Auch stimmte er sowohl den Flügel als sein Clavichord selbst, und war so geübt in dieser Arbeit, daß sie ihm nie mehr als eine Viertelstunde kostete. Dann waren aber auch, wenn er fantasierte, alle vierundzwanzig Tonarten sein; er machte mit ihnen was er wollte. Er verband die entferntesten so leicht und so natürlich miteinander, wie die nächsten; man glaubte, er habe nur im innern Kreise einer einzigen Tonart moduliert. Von Härten in der Modulation wußte er nichts; seine Chromatik sogar war in den Übergängen so sanft und fließend, als wenn er bloß im diatonischen Klanggeschlecht geblieben wäre. Seine nun schon gestochene sogenannte *chromatische Fantasie* kann beweisen, was ich hier sage. Alle seine freien Fantasien sollen von ähnlicher Art, häufig aber noch weit freier, glänzender und ausdrucksvoller gewesen sein.

Bei der Ausführung seiner eigenen Stücke nahm er das Tempo gewöhnlich sehr lebhaft, wußte aber außer dieser Lebhaftigkeit noch so viele Mannigfaltigkeit in seinen Vortrag zu bringen, daß jedes Stück unter seiner Hand gleichsam wie eine Rede sprach. Wenn er starke Affekten ausdrücken wollte, tat er es nicht wie manche andere durch eine übertriebene Gewalt des Anschlags, sondern durch harmonische und melodische Figuren, das heißt: durch innere Kunstmittel. Er fühlte hierin gewiß sehr richtig. Wie kann es Ausdruck einer heftigen Leidenschaft sein, wenn jemand auf einem Instrument so poltert, daß man vor lauter Poltern und Klappern keinen Ton deutlich hören, viel weniger einen von dem andern unterscheiden kann?

IV.

Was im Vorhergehenden von *Joh. Seb. Bachs* vorzüglichem Clavierspielen gesagt worden ist, kann im allgemeinen auch auf sein Orgelspielen angewendet werden. Das Clavier und die Orgel sind einander nahe verwandt. Allein Stil und Behandlungsart beider Instrumente ist so verschieden als ihre beiderseitige Bestimmung verschieden ist. Was auf dem Clavichord klingt oder etwas sagt, sagt auf der Orgel nichts, und so umgekehrt. Der beste Clavierspieler, wenn er nicht die Unterschiede der Bestimmung und der Zwecke beider Instrumente kennt und zu beobachten weiß, wird daher stets ein schlechter Orgelspieler sein, wie es auch gewöhnlich der Fall ist. Bis jetzt sind mir nur zwei Ausnahmen vorgekommen. Die eine macht *Joh. Sebastian* selbst, und die zweite sein ältester Sohn, *Wilh. Friedemann.* Beide waren feine Clavierspieler; sobald sie aber auf die Orgel kamen, bemerkte man keinen Clavierspieler mehr. Melodie, Harmonie, Bewegung etc. alles war anders, das heißt: alles war der Natur des Instruments und seiner Bestimmung angemessen. Wenn ich *Wilh. Friedemann* auf dem Clavier hörte, war alles zierlich, fein und angenehm. Hörte ich ihn auf der Orgel, so überfiel mich ein heiliger Schauder. Dort war alles niedlich, hier alles groß und feierlich. Ebenso war es bei *Joh. Sebastian,* nur beides in einem noch weit höhern Grad von Vollkommenheit. *W. Friedemann* war auch hierin nur ein Kind gegen seinen Vater, und erklärte sich mit aller Aufrichtigkeit selbst dafür. Schon die vorhandenen Orgelkompositionen dieses bewundernswürdigen Mannes sind voll von Ausdruck der Andacht, Feierlichkeit und Würde; aber sein freies Orgelspiel, wobei durchs Niederschreiben nichts verlorenging, sondern alles unmittelbar aus der Fantasie ins Leben kam, soll noch andächtiger, feierlicher, würdiger und erhabener gewesen sein. Worauf kommt es nun bei dieser Kunst hauptsächlich an? Ich will davon sagen, was ich weiß; aber manches kann nicht gesagt, sondern nur gefühlt werden.

Wenn man *Bachs* Clavierkompositionen mit seinen Orgelkompositionen vergleicht, so bemerkt man, daß die in beiden befindliche Melodie und Harmonie ganz von verschiedener Art ist. Wir können hieraus schließen, daß es beim wahren Orgelspielen zunächst auf die Beschaffenheit der Gedanken ankommen müsse, deren sich der Organist bedient. Diese Beschaffenheit wird durch die Natur des Instruments, durch den Platz, an welchem es steht, und endlich durch den Zweck, der damit beabsichtigt wird, bestimmt. Der große Ton der Orgel ist seiner Natur nach nicht dazu geeignet in geschwinden Sätzen gebraucht zu werden; er erfordert Zeit, in dem weiten und freien Raum einer Kirche verhallen zu können. Läßt man ihm diese Zeit nicht, so verwirren sich die Töne, und das Orgelspiel wird undeutlich und unverständlich. Die der Orgel und dem Platz angemessenen Sätze müssen also feierlich langsam sein; höchstens kann beim Gebrauch einzelner Register, etwa in einem Trio etc. eine Ausnahme von dieser Regel gemacht werden. Die Bestimmung der Orgel zur Unterstützung des Kirchengesangs, und zur Vorbereitung und Unterhaltung andächtiger Gefühle durch Vor- und Nachspiele, erfordert ferner, daß die innere Zusammensetzung und Verbindung der Töne auf eine andere Art bewerkstelligt werde als außer der Kirche geschieht. Das Gewöhnliche, Alltägliche kann nie feierlich werden, kann nie ein erhabenes Gefühl erregen; es muß daher auf alle Weise von der Orgel entfernt werden. Und wer ist hier je gewissenhafter gewesen als *Bach?* Schon in seinen weltlichen Kompositionen verschmähte er alles Gewöhnliche; in seinen Orgelkompositionen hat er sich aber noch unendlich weiter davon entfernt, so daß er mir hier nicht mehr wie ein Mensch, sondern wie ein wahrer verklärter Geist vorkommt, der sich über alles Irdische hinaufgeschwungen hat.

Die Mittel, deren er sich bediente, um zu einem so heiligen Stil zu gelangen, lagen in seiner Behandlungsart der alten sogenannten Kirchentonarten, in seiner geteilten Harmonie, im Gebrauch des obligaten Pedals und in seiner Art zu registrieren. Daß die Kirchentonarten ihres Unterschieds wegen von unsern zwölf Dur- und zwölf Molltonarten zu fremdartigen, ungewöhnlichen Modulationen, so wie sie in die Kirche gehören, vorzüglich geschickt sind, kann jedermann erfahren, der nur die einfachen vierstimmigen Choralgesänge von *Joh. Sebastian* untersuchen will. Was aber die geteilte Harmonie für Wirkung auf der Orgel tue, wird sich niemand leicht vorstellen können, der nie ein so eingerichtetes Orgelspiel gehört hat. Es wird dadurch gleichsam ein Chor von vier oder fünf Singstimmen in ihrem völlig natürlichen Umfange auf die Orgel übertragen. Man versuche auf einem Claviere folgende Accorde in geteilter Harmonie,

und vergleiche dann, wie die folgende,

deren sich gewöhnliche Organisten zu bedienen pflegen,
dagegen klingt, so wird man bald einsehen, was für eine
Wirkung es machen müsse, wenn ganze Stücke auf solche
Art mit vier oder mehr Stimmen gespielt werden. Auf
diese Art spielte nun *Bach* stets auf der Orgel und bediente sich dabei noch außerdem des obligaten Pedals,
von dessen wahrem Gebrauch nur wenige Organisten
etwas wissen. Er gab mit dem Pedal nicht bloß Grund-
töne oder diejenigen an, die bei gewöhnlichen Organisten
der kleine Finger der linken Hand zu greifen hat, sondern
er spielte eine förmliche Baß-Melodie mit seinen Füßen,
die oft so beschaffen war, daß mancher mit fünf Fingern
sie kaum herausgebracht haben würde.

Zu allem diesem kam noch die eigene Art, mit welcher er die verschiedenen Stimmen der Orgel miteinander verband, oder seine Art zu registrieren. Sie war so ungewöhnlich, daß manche Orgelmacher und Organisten erschraken, wenn sie ihn registrieren sahen. Sie glaubten, eine solche Vereinigung von Stimmen könne unmöglich gut zusammenklingen, wunderten sich aber sehr, wenn sie nachher bemerkten, daß die Orgel gerade so am besten klang, und nun etwas Fremdartiges, Ungewöhnliches bekommen hatte, das durch ihre Art zu registrieren, nicht hervorgebracht werden konnte.

Diese ihm eigene Art zu registrieren war eine Folge seiner genauen Kenntnis des Orgelbaues, sowie aller einzelnen Stimmen. Er hatte sich frühe gewöhnt, jeder einzelnen Orgelstimme eine ihrer Eigenschaft angemessene Melodie zu geben, und dieses führte ihn zu neuen Verbindungen dieser Stimmen, auf welche er außerdem nie verfallen sein würde. Überhaupt entging dem scharfen Blicke seines Geistes nichts, was nur irgend auf seine Kunst Beziehung hatte, und zur Entdeckung neuer Kunstvorteile genutzt werden konnte. Seine Achtsamkeit auf die Ausnahme großer Musikstücke an Plätzen von verschiedener Beschaffenheit, sein sehr geübtes· Gehör, mit welchem er in der vollstimmigsten und besetztesten Musik jeden noch so kleinen Fehler bemerkte, seine Kunst, auf eine so leichte Art ein Instrument rein zu temperieren, können zum Beweise dienen, wie scharf und umfassend der Blick dieses großen Mannes war. Als er im Jahr 1747 in Berlin war, wurde ihm das neue Opernhaus gezeigt. Alles was in der Anlage desselben in Hinsicht auf die Ausnahme der Musik gut oder fehlerhaft war, und was andere erst durch Erfahrung bemerkt hatten, entdeckte er beim ersten Anblick. Man führte ihn in den darin befindlichen großen Speisesaal; er ging auf die oben herumlaufende Galerie, besah die Decke, und sagte, ohne fürs erste weiter nachzuforschen, der Baumeister habe hier ein Kunststück angebracht, ohne es vielleicht zu wollen, und ohne daß es jemand wisse. Wenn nämlich jemand an der einen Ecke des länglich viereckigen Saals oben ganz leise gegen die Wand einige Worte sprach, so konnte es ein anderer, welcher übers Kreuz an der andern Ecke mit dem Gesichte gegen die Wand gerichtet stand, ganz deutlich hören, sonst aber niemand im ganzen Saal, weder in der Mitte, noch an irgend einer andern Stelle. Diese Wirkung kam von der Richtung der an der Decke angebrachten Bogen, deren besondere Beschaffenheit er beim ersten Anblick entdeckte. Solche Beobachtungen konnten und mußten ihn allerdings auch auf Versuche führen, durch ungewöhnliche Vereinigung verschiedener Orgelstimmen vor und nach ihm unbekannte Wirkungen hervorzubringen.

Die Vereinigung und Anwendung der angeführten Mittel auf die üblichen Formen der Orgelstücke brachte nun das große, feierlich-erhabene, der Kirche angemessene, beim Zuhörer heiligen Schauder und Bewunderung erregende Orgelspiel *Joh. Seb. Bachs* hervor. Seine tiefe Kenntnis der Harmonie, sein Bestreben, alle Gedanken fremdartig zu wenden, um ihnen auch nicht die mindeste Ähnlichkeit mit der außer der Kirche üblichen Art musikalischer Gedanken zu lassen, seine der reichsten, unerschöpflichsten und stets unaufhaltsam fortströmenden Fantasie entsprechende Allgewalt über sein Instrument mit Hand und Fuß, sein sicheres und schnelles Urteil, mit welchem er aus dem ihm zuströmenden Reichtum an Gedanken nur die zum gegenwärtigen Zweck gehörigen zu wählen wußte, kurz sein großes Genie, welches alles umfaßte, alles in sich vereinigte, was zur Vollendung einer der unerschöpflichsten Künste erforderlich ist, brachte auch die Orgelkunst so zur Vollendung, wie sie vor ihm nie war, und nach ihm schwerlich sein wird. *Quantz* war hierin meiner Meinung. Der bewundernswürdige *Joh. Seb. Bach*, sagt er, hat endlich in den neuern Zeiten die Orgelkunst zu ihrer größten Vollkommenheit gebracht; es ist nur zu wünschen, daß sie nach dessen Absterben wegen geringer Anzahl derjenigen, die noch einigen Fleiß darauf verwenden, nicht wieder verfallen oder gar untergehen möge.

Wenn *Joh. Seb. Bach* außer den gottesdienstlichen Versammlungen sich an die Orgel setzte, wozu er sehr oft durch Fremde aufgefordert wurde, so wählte er sich irgend ein Thema, und führte es in allen Formen von Orgelstücken so aus, daß es stets sein Stoff blieb, wenn er auch zwei oder mehrere Stunden ununterbrochen gespielt hätte. Zuerst gebrauchte er dieses Thema zu einem Vorspiel und einer Fuge mit vollem Werk. Sodann erschien seine Kunst des Registrierens für ein Trio, ein Quatuor etc. immer über dasselbe Thema. Ferner folgte ein Choral, um dessen Melodie wiederum das erste Thema in drei oder vier verschiedenen Stimmen auf die mannigfaltigste Art herumspielte. Endlich wurde der

Beschluß mit dem vollen Werke durch eine Fuge gemacht, worin entweder nur eine andere Bearbeitung des erstern Thema herrschte, oder noch eines oder auch nach Beschaffenheit desselben zwei andere beigemischt wurden. Dies ist eigentlich diejenige Orgelkunst, welche der alte *Reinken* in Hamburg schon zu seiner Zeit für verloren hielt, die aber, wie er hernach fand, in *Joh. Seb. Bach* nicht nur noch lebte, sondern durch ihn die höchste Vollkommenheit erreicht hatte.

Teils das Amt, in welchem *Joh. Seb.* stand, teils auch überhaupt der große Ruf seiner Kunst und Kunstkenntnisse verursachte, daß er sehr häufig zur Prüfung junger Orgel-Kandidaten, und zur Untersuchung neuerbauter Orgelwerke aufgefordert wurde. Er benahm sich in beiden Fällen so gewissenhaft und unparteiisch, daß die Zahl seiner Freunde selten dadurch vermehrt wurde. Der ehemalige dänische Kapellmeister *Scheibe* unterwarf sich in frühern Jahren ebenfalls einmal seiner Prüfung bei einer Organistenwahl, fand aber dessen Ausspruch so ungerecht, daß er sich nachher in seinem kritischen Musikus durch einen heftigen Ausfall an seinem ehemaligen Richter zu rächen suchte. Mit seinen Orgeluntersuchungen ging es ihm nicht besser. Er konnte es ebensowenig über sich erhalten, ein schlechtes Instrument zu loben, als einen schlechten Organisten. Seine Orgelproben waren daher sehr streng, aber immer gerecht. Da er den Orgelbau so vollkommen verstand, so konnte er in keiner Sache dabei irregeführt werden. Das erste, was er bei einer Orgeluntersuchung tat, war, daß er alle klingenden Stimmen anzog, und das volle Werk sodann so voll-

stimmig als möglich spielte. Hierbei pflegte er im Scherze
zu sagen: er müsse vor allen Dingen wissen, ob das Werk
eine gute Lunge habe. Sodann ging er an die Untersuchung einzelner Teile. Seine Gerechtigkeit gegen die
Orgelbauer ging übrigens so weit, daß, wenn er wirklich
gute Arbeit und die dafür accordierte Summe zu geringe
fand, so daß der Orgelbauer offenbar mit Schaden gearbeitet haben würde, er die Vorsteher zu angemessenen
Nachschüssen zu bewegen suchte, und mehrere Male
auch wirklich dazu bewog.

Nach geendigter Probe, besonders wenn das Werk darnach beschaffen war, und seinen Beifall hatte, machte er
gewöhnlich noch einige Zeit für sich und die Anwesenden
von den oben erwähnten Orgelkünsten Gebrauch, und
zeigte dadurch jedesmal aufs neue, daß er wirklich *der
Fürst aller Clavier- und Orgelspieler* sei, wie ihn der ehemalige Organist *Sorge* zu Lobenstein in einer Dedikation
einst genannt hat.

V.

Joh. Seb. Bachs erste Versuche in der Komposition
waren wie alle erste Versuche mangelhaft. Ohne einigen
Unterricht, durch welchen ihm ein Weg vorgezeichnet
worden wäre, der ihn allmählig von Stufe zu Stufe hätte
führen können, mußte er es so wie alle diejenigen, die
ohne Leitung eine solche Bahn betreten, anfänglich machen, wie es werden wollte. Auf dem Instrumente auf
und ab laufen oder springen, beide Hände dabei so voll
nehmen, als die fünf Finger erlauben wollen, und dieses

wilde Wesen so lange forttreiben, bis irgend ein Ruhe-
punkt zufälligerweise erhascht wird, sind die Künste,
welche alle Anfänger miteinander gemein haben. Sie
können daher auch nur Fingerkomponisten sein (oder
Clavier-Husaren, wie sie *Bach* in seinen spätern Jahren
nannte), das heißt: sie müssen sich von ihren Fingern
vormachen lassen, was sie schreiben sollen, anstatt daß
sie den Fingern vorschreiben müßten, was sie spielen
sollen. *Bach* blieb aber nicht lange auf diesem Wege. Er
fing bald an zu fühlen, daß es mit dem ewigen Laufen
und Springen nicht ausgerichtet sei, daß Ordnung, Zusammenhang und Verhältnis in die Gedanken gebracht
werden müsse, und daß man zur Erreichung solcher
Zwecke irgend eine Art von Anleitung bedürfe. Als eine
solche Anleitung dienten ihm die damals neu herausgekommenen Violinkonzerte von *Vivaldi*. Er hörte sie
so häufig als vortreffliche Musikstücke rühmen, daß er
dadurch auf den glücklichen Einfall kam, sie sämtlich
für sein Clavier einzurichten. Er studierte die Führung
der Gedanken, das Verhältnis derselben untereinander,
die Abwechslungen der Modulation und mancherlei
andere Dinge mehr. Die Umänderung der für die Violine
eingerichteten, dem Clavier aber nicht angemessenen Gedanken und Passagen, lehrte ihn auch musikalisch denken, so daß er nach vollbrachter Arbeit seine Gedanken
nicht mehr von seinen Fingern zu erwarten brauchte,
sondern sie schon aus eigener Fantasie nehmen konnte.
So vorbereitet, bedurfte es nun nur Fleiß und ununterbrochene Übung, um immer weiter, und endlich auf
einen Punkt zu kommen, auf welchem er sich nicht nur

ein Kunstideal erschaffen, sondern auch hoffen konnte, es mit der Zeit zu erreichen. An dieser Übung ließ er es nie fehlen. Er arbeitete so anhaltend und so emsig, daß er sogar häufig die Nächte zu Hilfe nahm. Was er am Tage geschrieben hatte, lernte er in der darauffolgenden Nacht spielen. Bei allem Fleiß, den er auf seine eigene Versuche wendete, unterließ er um die Zeit doch nie, auch die Werke des *Frescobaldi*, *Frobergers*, *Kerls*, *Pachelbels*, *Fischers*, *Struncks*, *Buxtehudes*, *Reinkens*, *Bruhns*, *Böhms* und einiger alten französischen Organisten, die alle nach damaliger Art starke Harmonisten und Fugisten waren, mit der größten Aufmerksamkeit zu studieren.

Nicht nur der Charakter aller dieser Muster, welche meistens für die Kirche bestimmt waren, sondern hauptsächlich sein eigenes ernsthaftes Temperament führte ihn vorzüglich zur Bearbeitung des ernsthaften und hohen Stils in der Musik. Bei dieser Art von Musik läßt sich mit einer mäßigen Anzahl von Kunstausdrücken oder Tonverbindungen nicht viel ausrichten. Er wurde bald gewahr, daß der damals vorhandene musikalische Sprachschatz erst vermehrt werden müsse, ehe das ihm vorschwebende Kunstideal erreicht werden könne. Er sah die Musik völlig als eine Sprache, und den Komponisten als einen Dichter an, dem es, er dichte in welcher Sprache er wolle, nie an hinlänglichen Ausdrücken zur Darstellung seiner Gefühle fehlen dürfe. Da nun wirklich in seiner Jugend die Kunstausdrücke wenigstens für seinen musikalischen Dichtergeist noch nicht in hinlänglicher Anzahl vorhanden, auch außerdem noch nicht geschmeidig genug waren, so suchte er beiden Mängeln zunächst durch eine Behandlung der Harmonie abzuhelfen, die, sosehr sie auch ihrer eigentlichen Natur und Bestimmung angemessen ist, doch ihm allein eigen war.

Solange die Sprache der Musik noch bloß melodische Ausdrücke, oder bloß nacheinanderfolgende Tonverbindungen hat, ist sie noch arm zu nennen. Durch hinzugefügte Baßtöne, wodurch ihr Verhältnis zu den Tonarten und den darin liegenden Accorden etwas minder zweideutig wird, gewinnt sie nicht sowohl an Reichtum als an Bestimmtheit. Eine auf solche Art begleitete Melodie, wenn auch nicht bloß Baßtöne, sondern durch Mittelstimmen sogar die vollen Accorde angegeben waren, wurde von unsern Vorfahren mit Recht noch immer *Homophonie* genannt. Ganz anders verhält sich's, wenn zwei Melodien so miteinander verwebt werden, daß sie gleichsam wie zwei verschiedene Personen gleichen Standes und gleicher Bildung sich miteinander unterreden. Dort war die Begleitung untergeordnet, mußte der erstern als vornehmern Stimme nur dienen. Hier ist kein solcher Unterschied, und diese Art von Vereinigung zweier Melodien gibt Veranlassung zu neuen Tonverbindungen und dadurch zur Vermehrung des Reichtums an Kunstausdrücken. Sowie mehrere Stimmen hinzugefügt, und auf eine ebenso freie untergeordnete Art miteinander verwebt werden, nimmt der Reichtum an Kunstausdrücken noch mehr zu, und wird endlich, wenn verschiedenes Zeitmaß und die unendliche Mannigfaltigkeit der Rhythmen hinzukommt, unerschöpflich. Die Harmonie ist also nicht bloß als Begleitung einer einfachen Melodie, sondern als eigentliches

Vermehrungsmittel unserer Kunstausdrücke, oder unseres musikalischen Sprachreichtums zu betrachten. Sie muß aber auch alsdann, wenn sie ein solches Vermehrungsmittel sein soll, nicht in bloßer Begleitung, sondern in der Verwebung mehrerer wirklicher Melodien bestehen, deren jede das Wort bald oben, bald in der Mitte und bald unten führt und führen kann.

Aus einer solchen Verwebung mehrerer Melodien, die alle so sangbar sind, daß jede zu ihrer Zeit als Oberstimme erscheinen kann, und wirklich erscheint, besteht die *Joh. Seb. Bachische* Harmonie in allen Werken, die er ungefähr von dem Jahre 1720, oder von seinem fünfunddreißigsten Lebensjahre an, bis an sein Ende verfertigt hat. Er übertrifft hierin alle Komponisten der Welt. Wenigstens habe ich bei keinem von allen, deren Werke mir bekannt geworden sind, je etwas ähnliches gefunden. In seinen vierstimmigen Werken kann man sogar bisweilen die Ober- und Unterstimme weglassen, und bloß an beiden Mittelstimmen eine noch immer deutliche und sangbare Musik zu hören bekommen.

Um aber eine solche Harmonie hervorzubringen, in welcher die einzelnen Stimmen im höchsten Grade geschmeidig und biegsam gegeneinander sein müssen, wenn sie alle einen freien, fließenden Gesang haben sollen, bediente sich *Bach* ganz besonderer Mittel, die in den damaligen musikalischen Lehrbüchern noch nicht gelehrt wurden, die ihn aber sein großes Genie lehrte. Sie lagen in der großen Freiheit, die er dem Gange seiner Stimmen gab. Er übertrat dadurch alle hergebrachten und zu seiner Zeit für heilig gehaltenen Regeln dem Scheine nach, aber nicht in der Tat. Denn er erfüllte ihren Zweck, der in nichts anderm als in der Beförderung reiner Harmonie und Melodie, oder successiven und coexistierenden Wohlklangs bestehen kann, aufs vollkommenste, nur auf ungewöhnlichen Wegen. Ich muß mich über diesen Gegenstand etwas näher erklären.

So wie es bei einzelnen Intervallen sehr fühlbar ist, ob ihre Folge steigen oder fallen muß, so ist es auch bei ganzen Phrasen oder bei einzelnen Teilen derselben, wenn sie von einigem Umfange sind, sehr merklich, nach welchem Ziele sie in Absicht auf Modulation, oder ihrem innern Sinne nach, streben. Dieses Vorgefühl eines gewissen Ziels kann jede Stimme durch andere Intervalle erregen. Soll aber jede Stimme einen freien und fließenden Gesang erhalten, so müssen zwischen den Tönen, die das erwähnte Ziel vorher fühlbar machen können oder sollen, und denjenigen, mit welchen die Phrase angefangen worden ist, noch andere liegen, die den ebenso zwischen beiden Hauptpunkten liegenden Tönen der übrigen Stimmen oft sehr entgegen sind, aber doch mit ihnen zugleich angeschlagen werden können. Dies ist ein sogenannter Durchgang der Töne von der ausgedehntesten Art. Sie gehen sämtlich von einer Stelle aus, trennen sich unterwegs, treffen aber genau am Ziele wieder zusammen. Dieser Art von Durchgang hat sich noch niemand freier bedient als *Bach*, um dadurch allen seinen einzelnen Stimmen einen völlig freien und fließenden Gesang zu verschaffen. Wenn nun seine Werke dieser Art nicht völlig leicht vorgetragen werden, so entstehen bisweilen zwischen dem Anfange und Ende einer Phrase große Härten, und man wird anfänglich geneigt, ihn einer Übertreibung zu beschuldigen. Aber er hat nichts übertrieben; denn wenn man erst so viel Kraft bekommt, sie ihrem wahren Charakter gemäß vorzutragen, so klingen sie nun desto schöner, und es werden sodann durch ihre zwar sonderbaren, aber doch natürlichen Modulationen neue Gehörgänge in uns eröffnet, in die vorher noch nie ein Ton eingedrungen war.

Um jedoch auch im einzelnen etwas von *Bachs* Art zu sagen, wie er die hergebrachten Regeln übertrat, bemerke ich, 1. daß er Octaven und Quinten machte, wenn sie wohlklangen, das heißt: wenn die Ursache ihres Verbots nicht mehr vorhanden war. Daß es Fälle gibt, in welchen sie wohlklingen, und daß sie nur dann vermieden werden müssen, wenn eine große Leerheit oder Nacktheit der Harmonie (oder, wenn es jemand lieber so nennen will, ein Harmonien-Sprung) durch sie entsteht, weiß jedermann. Aber *Bachs* Quinten und Octaven haben nie leer oder schlecht geklungen. Allein er machte auch hierin einen großen Unterschied. Unter gewissen Umständen konnte er sogar zwischen zwei Mittelstimmen nicht einmal verdeckte Quinten und Octaven ertragen, die man doch sonst höchstens zwischen den. beiden äußern Stimmen zu vermeiden sucht; unter andern Umständen setzte er sie aber so offenbar hin, daß sie jedem Anfänger in der Komposition ein Ärgernis gaben, sich aber dennoch bald rechtfertigten. Sogar in den spätern Verbesserungen seiner frühern Arbeiten hat er Stellen, die nach dem ersten Entwurf ohne Tadel waren, bloß um des größern Wohlklangs willen so verändert, daß wirklich offenbare Octaven zum Vorschein kamen. Ein solcher Fall findet sich unter andern vorzüglich im ersten Teil seines wohltemp. Claviers, in der Fuge aus E-dur, zwischen dem fünften und vierten vorletzten Takt. Ich bedaure es bis diese Stunde, daß ich bei Durchsicht der Abschrift, nach welcher die *Hoffmeister-* und *Kühnelsche* Ausgabe gestochen worden ist, so schwach gewesen bin, bloß um dieser dem Wohlklange übrigens beförderlichen Octave willen, die alte Leseart stehenzulassen, die zwar regelrecht, aber steif ist. In der neuern Leseart ist lauter leichter, ungezwungener Gesang in allen drei Stimmen. Welches ist besser?

2. Jeder zufällig erhöhte Ton, sowie auch das Semitonium Modi kann der Regel nach nicht verdoppelt werden, weil der erhöhte Ton seiner Natur nach aufwärts steigen muß. Ist er verdoppelt, so muß er doppelt aufsteigen, folglich Octaven machen. *Bach* verdoppelte wirklich sehr oft nicht nur zufällig erhöhte Töne der Scala, sondern auch die Semitonia Modi, und machte doch keine Octaven. Solche Fälle finden sich gerade in seinen allerschönsten Werken. Nicht als Übertretung, sondern mehr als Erweiterung einer Regel könnte angesehen werden, daß er

3. der Meinung war, und darnach arbeitete, daß auf einem liegenden Grundtone alles angeschlagen werden könne, was im ganzen Tonvorrat in allen drei Klanggeschlechtern vorhanden sei. Diese Sache gehört sonst eigentlich unter die sogenannten Orgelpunkte, die gewöhnlich nichts anders als verzögerte Schlüsse sind. *Bach* hat sie aber auch im Laufe seiner Stücke angewen-

det, wovon besonders die letzte Gigue seiner sogenannten
englischen Suiten ein merkwürdiges Beispiel ist. Anfänglich will diese Gigue gar nicht klingen; sie wird aber
nach und nach immer schöner, und das, was man bei
noch unvollkommenem Vortrag für hart und rauh gehalten hat, fängt allmählich an, immer weicher, sanfter
und angenehmer zu werden, bis man am Ende sich nicht
satt daran hören und spielen kann.

Mit der eigenen Art von Harmonie, von welcher ich
bisher geredet habe, hängt nun auch *Bachs* Modulation
zusammen, die nicht minder von eigener Art ist. Der
Begriff von Harmonie und Modulation läßt sich kaum
trennen, so nahe sind beide miteinander verwandt. Und
doch sind sie verschieden. Unter Harmonie muß man
nämlich den Zusammenklang der verschiedenen Stimmen, unter Modulation aber den Fortgang derselben verstehen. Modulation kann also auch in einer einzigen
Stimme stattfinden; Harmonie aber nur in vielen. Ich
will versuchen, mich deutlicher zu erklären.

Bei den meisten Komponisten findet man, daß ihre
Modulation, oder wenn man lieber will, ihre Harmonie
langsam fortschreitet. Bei sehr stark besetzten Musiken
an großen Plätzen, wie z. B. in Kirchen, wo der große
Ton nur langsam verhallen kann, zeugt diese Einrichtung
unstreitig von der Klugheit eines Komponisten, der seinem Werke gern die möglichst vorteilhafte Ausnahme
verschaffen will. Aber bei der Instrumental- oder Kam-
mermusik, ist jene langsame Fortschreitung wohl kein
Beweis von Klugheit, sondern weit öfter ein Zeichen,
daß es dem Komponisten an gehörigem Reichtum der

Gedanken gefehlt habe. *Bach* hat dieses alles gar wohl unterschieden. Seine sonst von Gedanken überströmende Fantasie wußte er in seinen großen Singwerken recht gut zurückzuhalten; in seinen Instrumentalwerken war aber diese Zurückhaltung nicht nötig. Da er noch überdem nie für den großen Haufen arbeitete, sondern stets sein Kunst-Ideal, ohne alle Rücksicht auf Beifall oder etwas ihm ähnliches, verfolgte, so hatte er gar keinen Grund, warum er weniger hätte geben sollen als er hatte und geben konnte. Auch hat er dies nie getan. Daher ist in der Modulation seiner Instrumentalstücke jeder Fortschreitung ein neuer Gedanke, ein beständig fortgehendes Leben und Weben im innern Kreise der gewählten und nächst verwandten Tonarten. Er behält von der Harmonie, welche er hat, das meiste bei, mischt aber bei jeder Fortschreitung etwas Verwandtes hinzu, und geht auf diese Weise bis ans Ende eines Stücks so sachte, so weich und allmählich vorwärts, daß kein Sprung oder harter Übergang zu fühlen, und doch kein Takt (ich möchte wohl sagen, kein Glied eines Taktes) dem andern ähnlich ist. Jeder Übergang mußte bei ihm mit dem vorhergehenden Gedanken in Beziehung stehen, und eine notwendige Folge desselben zu sein scheinen. Jene plötzlichen Ausfälle, womit manche Komponisten ihre Zuhörer frappieren wollen, kannte er nicht oder verschmähte sie vielmehr. Selbst in seiner Chromatik sind die Fortschreitungen so sanft und weich, daß man ihre oft sehr weiten Entfernungen kaum gewahr wird; man glaubt, er habe sich nicht einen Schritt von seiner diatonischen Leiter entfernt. So wußte er alles aus dem ganzen

Gebiete des Tonreichs zu vereinigen, was nur irgend miteinander in Beziehung gesetzt werden konnte.

VI.

Durch die Art, wie *Joh. Seb. Bach* die Harmonie und Modulation behandelte, mußte nun notwendig auch seine Melodie eine eigene Gestalt annehmen. Bei der Vereinigung mehrerer zugleich miteinander fortlaufenden Melodien, welche sämtlich singbar sein sollen, kann keine einzelne so hervorstechend sein, daß sie die Aufmerksamkeit des Zuhörers auf sich allein ziehen könnte. Dieses Hervorstechende müssen sie hier gleichsam miteinander teilen, so daß bald die eine, bald die andere vorzüglich glänzen kann, deren Glanz aber dennoch von den neben ihnen herlaufenden, ebenfalls singenden Stimmen vermindert zu werden scheint, weil die Aufmerksamkeit des Zuhörers dadurch geteilt wird. Ich sage, vermindert zu werden scheint: denn im Grunde wird er nicht vermindert, sondern vielmehr erhöht, wenn der Zuhörer Übung genug hat, das Ganze auf einmal übersehen und fassen zu können*.

---

* Viele halten dafür, die beste Melodie sei diejenige, welche sogleich von jedermann gefaßt und nachgesungen werden könne. Als Grundsatz kann diese Meinung gewiß nicht gelten. Denn sonst müßten die Volksmelodien, die häufig von Süden bis Norden von allen Menschenklassen bis zu Knechten und Mägden herunter gesungen werden, die schönsten und besten Melodien sein. Ich würde den Satz umkehren, und sagen: diejenige Melodie, die von jedermann sogleich nachgesungen werden kann, ist von der gemeinsten Art. So könnte er vielleicht eher als Grundsatz gelten.

Außerdem nötigt eine solche Vereinigung mehrerer Stimmen den Komponisten zu gewissen Wendungen in den einzelnen Melodien, zu welchen das homophonische Verfahren in der Komposition nicht nötigen kann. Eine einzelne Stimme braucht sich nirgends durchzudrängen; mehrere aber müssen sich in ihrer Vereinigung bisweilen gar künstlich und fein drehen, biegen und schmiegen. Diese Notwendigkeit des Durchdrängens veranlaßt daher ungewöhnliche, fremdartige, ganz neue, noch nie gehörte Wendungen in den Melodien, so wie sie wohl wenigstens *eine* von den Ursachen ist, warum überhaupt *Bachs* Melodien mit den Melodien anderer Komponisten so wenig Ähnlichkeit haben, und sich so auffallend von allen unterscheiden. Wenn diese Fremdartigkeit nicht ins Unnatürliche oder in Schwulst ausartet, sondern mit fließender, wahrer Singbarkeit verbunden bleibt, so ist sie für denjenigen, der sie hervorzubringen weiß, ein Verdienst mehr, und eigentlich das, was man Originalität nennt, die den einzigen Nachteil hat, daß sie nicht fürs große Publikum, sondern nur für sehr gebildete Kenner brauchbar ist.

Nicht alle Bachischen Melodien sind indessen von dieser Art. Obgleich überall dieselbe Originalität der Gedanken herrscht, so sind doch die Melodien seiner sogenannten freien Kompositionen so offen, klar und deutlich, daß sie zwar anders klingen als die Melodien anderer Komponisten, aber dennoch auch von den ungeübtesten Zuhörern verstanden, und ihres inwohnenden Geistes wegen sogar gefühlt werden können. Die meisten Präludien aus seinem wohltemperierten Clavier, sowie die meisten

Stücke aus seinen größern und kleinern Suiten sind von dieser Art.

So wie seine Melodie im ganzen ein solches Gepräge von Originalität hat, so haben es auch seine sogenannten Passagen im einzelnen; sie sind so neu, so ungewöhnlich und dabei so glänzend und überraschend, wie man sie bei keinem andern Komponisten antrifft. In allen seinen Clavierkompositionen finden sich Beispiele hiervon; in den großen Variationen, in dem ersten Teil der Clavierübung, in den englischen Suiten und in der chromatischen Fantasie aber die auffallendsten. Es kommt hierbei wiederum auf den Reichtum der Gedanken an. Da alle Passagen nichts als zergliederte Accorde sind, so müssen sie notwendig desto reicher und fremdartiger an Inhalt werden, je reicher und fremdartiger die ihnen zugrunde liegenden Accorde sind.

Wie weit Bachs Nachdenken und Scharfsinn in der Behandlung der Melodie und Harmonie geht, wie sehr er geneigt war, alle Möglichkeiten in beiden zu erschöpfen, beweiset auch sein Versuch, eine einzige Melodie so einzurichten, daß keine zweite singbare Stimme dagegen gesetzt werden konnte. Man machte sich in jener Zeit zur Regel, daß jede Vereinigung von Stimmen ein Ganzes machen, und die zur vollständigen Angabe des Inhalts notwendigen Töne so erschöpfen müsse, daß nirgends ein Mangel fühlbar sei, wodurch die Beifügung noch einer Stimme etwa möglich werden könnte. Man hatte diese Regel bis auf *Bachs* Zeit bloß auf den zwei- bis drei- und vierstimmigen Satz, und zwar überall noch sehr mangelhaft angewendet. Er tat dieser Regel nicht nur im zwei- bis drei- und vierstimmigen Satz voll Genüge, sondern versuchte auch, sie auf den einstimmigen Satz auszudehnen. Diesem Versuch haben wir sechs Soli für die Violine und sechs andere für das Violoncell zu verdanken, die ohne alle Begleitung sind, und durchaus keine zweite singbare Stimme zulassen. Durch besondere Wendungen der Melodie hat er die zur Vollständigkeit der Modulation erforderlichen Töne so in einer einzigen Stimme vereinigt, daß eine zweite weder nötig noch möglich ist.

Nicht Eigenschaft, sondern vielmehr eine Folge ihrer Eigenschaften ist es, daß die Bachische Melodie nie veraltet. Sie bleibt ewig schön und ewig jung, wie die Natur, aus welcher sie entsprungen ist. Alles, was *Bach* seinen frühern Arbeiten vom damals herrschenden Zeitgeschmack beigemischt hat, ist nun veraltet; wo er, wie in seinen spätern Werken, die Melodien aus der innern Quelle der Kunst selbst, ohne Rücksicht auf Modeformen, entwickelt hat, ist alles noch so frisch und neu, als ob es erst seit gestern ins Leben gekommen wäre. Man wird wenig Kompositionen von gleichem Alter finden, von welchen etwas ähnliches gesagt werden könnte. Selbst die Werke so geistvoller Komponisten, wie z. B. *Reinhard Kaiser* und *Händel* waren, sind früher veraltet, als man hätte glauben sollen, und als ihre Urheber wohl selbst geglaubt haben. Als Komponisten fürs große Publikum waren sie genötigt, dem herrschenden Zeitgeschmack nachzugeben, und Werke dieses Geschmacks können nicht länger dauern als der Zeitgeschmack selbst. Nichts ist aber wandelbarer und veränderlicher, als jede Art des Zeitgeschmacks, sowie überhaupt alles, was Mode heißt.

Bei Händel ist jedoch merkwürdig, daß seine Singfugen noch nicht veraltet sind, da hingegen von seinen Arien nur wenige noch anzuhören sein möchten.

Die besondere Beschaffenheit der Bachischen Harmonie und Melodie war auch noch mit einem sehr ausgedehnten und in sich mannigfaltigen Gebrauch des Rhythmus verbunden. Bisher war nur vom innern oder logischen Verhältnis der harmonischen und melodischen Gedanken die Rede; diese Gedanken erfordern aber auch ein äußeres oder ein rhythmisches Verhältnis, wodurch ihre an sich schon große Mannigfaltigkeit nicht nur noch mannigfaltiger, sondern auch charaktervoller wird. Zur zweckmäßigen und leichten Handhabung der mannigfaltigen Rhythmen zu gelangen, hatten die Komponisten in *Bachs* Zeitalter eine vortreffliche Gelegenheit durch die sogenannten Suiten, welche damals statt unserer Sonaten üblich waren. In solchen Suiten kamen zwischen den Präludien und Schluß-Giguen viele französische Charakterstücke und Tanzmelodien vor, bei welchen es vornehmlich auf den Rhythmus ankam. Die Komponisten mußten also von einer großen Menge Takt-Arten, Tonfüßen und Rhythmen (die jetzt großenteils ganz unbekannt geworden sind) Gebrauch machen, und sehr gewandt darin werden, wenn sie jeder Tanzmelodie ihren bestimmten Charakter und Rhythmus geben wollten. Auch diesen Zweig der Kunst hat *Bach* viel weiter getrieben als irgend einer seiner Vorgänger oder Zeitgenossen. Keine Art von Zeitverhältnis ließ er unversucht und unbenutzt, um den Charakter seiner Stücke dadurch so verschieden als möglich zu modifizieren. Er bekam zuletzt eine solche Gewandtheit darin, daß er imstande war, sogar seinen Fugen bei allem künstlichen Gewebe ihrer einzelnen Stimmen ein so auffallendes, charaktervolles, vom Anfange bis ans Ende ununterbrochenes und leichtes rhythmisches Verhältnis zu geben, als wenn sie nur Menuetten wären.

Überhaupt liegt eben die erstaunliche Kunst *Bachs* in dieser überall gleich leichten Anwendung der bisher erwähnten Kunstmittel. Die Kunstform, welche er wählte, mochte zu den leichtesten oder zu den schwersten gehören, seine Behandlung derselben war immer gleich leicht, gleich glücklich. Nirgends findet man eine Spur, daß ihm etwas schwer geworden sei. Er erreichte stets das Ziel, nach welchem er strebte. Alles ist vollendet, vollkommen in sich; kein Ton kann vom Kenner anders gewünscht werden, als er gesetzt ist. Ich will das, was bisher gesagt worden ist, auf einige einzelne Kunstformen anwenden.

C. Ph. Emanuel sagt in der Vorrede zu den von ihm herausgegebenen vierstimmigen Choralgesängen seines Vaters, die Welt sei gewohnt gewesen, nichts als Meisterstücke von ihm zu sehen. Dieses Lob wurde zwar von einigen Rezensenten für übertrieben gehalten; es ist aber wirklich nicht übertrieben, wenn man es bloß auf diejenigen seiner Werke anwendet, die er von der oben angegebenen Periode an, das heißt in den Jahren seiner Reife gemacht hat. In mancher Gattung haben indessen andere Komponisten ebenfalls Meisterstücke gemacht, die den seinigen in eben der Gattung mit Ehren an die Seite gesetzt werden können. So hat man z. B. Allemanden, Couranten etc. von *Händel* und noch einigen wenigen andern, die nicht minder schön, obgleich minder reich sind, als Bachische. Aber in der *Fuge* und in allen mit ihr verwandten Arten des Contrapunkts und Canons steht er ganz allein, und so allein, daß weit und breit um ihn herum alles gleichsam leer und wüste ist. Nie ist eine Fuge von irgend einem Komponisten gemacht worden, die einer der seinigen an die Seite gesetzt werden könnte. Wer die Bachischen Fugen nicht kennt, wird sich nicht einmal einen Begriff machen können, was eine wahre Fuge ist und sein soll. In Fugen gewöhnlicher Art herrscht nichts als ein gewisser sehr unbedeutender Kunst-Schlendrian. Man nimmt ein Thema, gibt ihm einen Gefährten, versetzt beide nach und nach in verwandte Tonarten, und läßt sie sodann von den übrigen Stimmen in allen diesen Versetzungen mit einer Art von Generalbaßgriffen begleiten. Dies gibt eine Fuge; aber was für eine? Es ist sehr begreiflich, daß jemand, der nur solche Fugen kennenlernt, eben keinen hohen Begriff von der ganzen Gattung bekommen kann. Wieviel Kunst gehört denn dazu, eines solchen Schlendrians mächtig zu werden?

Ganz anderer Art ist die Bachische Fuge. In ihr sind alle Forderungen erfüllt, die man sonst nur an freiere Kompositionsgattungen zu machen wagt. Ein charaktervolles Thema; ununterbrochen bloß aus demselben hergeleiteter, ebenso charaktervoller Gesang vom Anfang bis ans Ende; nicht bloß Begleitung in den übrigen Stimmen, sondern in jeder ein selbständiger mit den andern einverstandener Gesang, wiederum vom Anfange bis ans Ende; Freiheit, Leichtigkeit und Fluß im Fortgang des

Ganzen; unerschöpflicher Reichtum an Modulation, mit untadelhafter Reinheit verbunden; Entfernung jeder willkürlichen, nicht zum Ganzen notwendig gehörigen Note; Einheit und Mannigfaltigkeit im Stil, im Rhythmus und in den Tonfüßen; und endlich ein über alles verbreitetes Leben, wobei es dem Spieler oder Hörer bisweilen vorkommt, als wenn alle Töne in Geister verwandelt wären; dies sind die Eigenschaften der Bachischen Fuge, Eigenschaften, die bei jedem Kenner, welcher weiß, was für ein Maß von Geisteskraft zur Hervorbringung solcher Werke erforderlich ist, Bewunderung und Staunen erregen müssen. Sollte auch ein solches Kunstwerk, in welchem sich alles vereinigt, was in andern Kompositionsgattungen, ihren veränderten Bestimmungen nach, vereinzelt wird, nicht vorzügliche Bewunderung verdienen? Ich muß noch mehr sagen. Alle Bachischen Fugen aus den Jahren seiner vollendeten Bildung haben die genannten Eigenschaften miteinander gemein, alle sind mit gleich großen Vorzügen ausgestattet, aber jede auf eine andere Art. Jede hat ihren eigenen, genau bestimmten Charakter, sowie ihre eigenen davon abhängenden Wendungen in Melodie und Harmonie. Wenn man daher *eine* kennt und vortragen kann, so kennt man wirklich nur *eine*, und kann auch nur *eine* vortragen, anstatt daß man Folianten voll Fugen vieler andern Komponisten aus *Bachs* Zeitalter kennt und vortragen kann, sobald die Wendungen einer einzigen begriffen und der Hand geläufig geworden sind.

Zu solchen Eigenschaften und Vorzügen führen die contrapunktischen Künste, wenn sie recht, das heißt:

wenn sie so gebraucht werden, wie sie *Bach* gebraucht
hat. Durch sie lernte er aus einem gegebenen Satz eine
ganze Folge gleichartiger und doch verschiedener Melodien in allen Arten des Geschmacks und in allen Figuren
entwickeln; durch sie lernte er nicht bloß gut anfangen,
sondern auch gut ausführen und vollenden; durch sie
wurde er der Harmonie und ihrer unendlichen Versetzungen so mächtig, daß er ganze Stücke von Note zu
Note in allen Stimmen umkehren konnte, ohne dem
fließenden Gesang oder dem reinen Satz den mindesten
Abbruch zu tun; durch sie lernte er die künstlichsten
Canones in allen Intervallen und in allen Arten der Bewegung so leicht und fließend machen, daß nichts von
der dabei angewendeten Kunst merkbar wird, daß sie
vielmehr völlig wie freiere Tonstücke klingen; durch sie
ist er endlich in den Stand gesetzt worden, der Nachwelt
eine große Anzahl von Kunstwerken der verschiedensten
Art zu hinterlassen, die sämtlich Muster der Kunst sind,
und bleiben werden, solange die Kunst selbst nicht untergehen wird*

Das bisher Gesagte betrifft hauptsächlich *Bachs* Cla-

---

* Es gibt Personen, die der Meinung sind, Bach habe *nur*
die Harmonie vervollkommnet. Wenn man aber den richtigen
Begriff von Harmonie hat, nach welchem sie ein Erweiterungs-
oder Vermehrungsmittel der Kunstausdrücke ist, so kann sie
nie ohne Melodie gedacht werden. Wenn sie nun gar so wie
die Bachische eine vervielfältigte Melodie ist, so sehe ich nicht
ein, wie man obiger Meinung sein kann. Nach meinen Begriffen könnte man weit eher sagen, dieser oder jener habe
nur die Melodie vervollkommnet, weil sogar schöne Melodie
ohne Harmonie, aber keine schöne und wahre Harmonie ohne
Melodie bestehen kann. Wer demnach die Harmonie vervollkommnet hat, hat das Ganze vervollkommnet, der Melodist
aber nur einen Teil des Ganzen.

vier- und Orgelkompositionen. Da sich aber die Kunst ihrer Anwendung nach in zwei Hauptzweige teilt, nämlich in Instrumental- und Vokal-Musik, und *Bach* beide bearbeitet hat, so wird man vielleicht gern auch noch einige Worte über seine Singkomposition lesen.

In Weimar fand er die erste Veranlassung, sich mit der Komposition für den Gesang zu beschäftigen, als er zum Konzertmeister ernannt wurde, und als solcher die Kirchenmusik in der dasigen Hofkirche zu besorgen bekam. Der Stil, dessen er sich in seinen Kirchenmusiken bediente, war wie der Stil seiner Orgelsachen, andächtig, feierlich und völlig so, wie der Kirchenstil sein muß. Dabei hatte er den sehr richtigen Grundatz, sich nicht auf den Ausdruck einzelner Worte, wodurch bloße Spielereien entstehen, sondern nur auf den Ausdruck des ganzen Inhalts einzulassen. Seine Chöre sind durchgehends voll Pracht und Feierlichkeit. Sehr häufig wählte er eine Choralmelodie dazu, und ließ nach Motetten-Art die übrigen Stimmen um sie herum fugieren. Derselbe Reichtum der Harmonie, den man in seinen übrigen Werken findet, herrscht auch hier, nur den Singstimmen und der gewählten Instrumental-Begleitung angemessen. Seine Recitative sind gut deklamiert und mit reichen Bässen versehen. Bei seinen Arien, unter welchen sich viele von der feinsten und ausdrucksvollsten Melodie finden, scheint er sich oft eingeschränkt und nach den Kräften seiner Sänger und Spieler gerichtet zu haben, die aber dessenungeachtet ewige Klagen über die Schwierigkeiten derselben zu führen hatten. Wäre er so glücklich gewesen, lauter gute Ausführer seiner Kirchenarbeiten zu haben, so würden sie gewiß Eindrücke ihrer Vortrefflichkeit hinterlassen haben, und so wie seine andern Werke noch jetzt bewundert und genutzt werden. Der unerschöpfliche Schatz von Kunst, welcher in ihnen liegt, wäre einer längern Aufbewahrung gewiß wert gewesen.

Unter sehr vielen Gelegenheits-Musiken, die er in Leipzig verfertigt hat, gedenke ich nur zweier Trauer-Cantaten, deren eine bei der Begräbnis-Feier seines geliebten Fürsten *Leopold* zu Köthen, die andere aber bei der Trauerrede auf den Tod der Königin von Polen und Kurfürstin zu Sachsen, *Christiane Eberhardine* in der Paulinerkirche zu Leipzig aufgeführt wurde. Die erste enthält Doppelchöre von ungemeiner Pracht und vom rührendsten Ausdruck; die zweite hat zwar nur einfache Chöre, aber so anziehende, daß wer einmal angefangen hat, einen durchzuspielen, nicht davon kommen wird, ohne ihn geendigt zu haben. Sie ist im Oktober 1727 komponiert.

Außer den bisher angezeigten Werken für den Gesang hat *Bach* auch sehr viele Motetten, hauptsächlich für den Chor der Leipziger Thomas-Schule gemacht. Dieser Chor hat stets gegen fünfzig, auch wohl bisweilen mehrere Sänger enthalten, für deren musikalische Bildung *Bach* väterlich sorgte, und ihnen durch ein-, zwei- und mehrchörige Motetten soviel Übung verschaffte, daß sie wenigstens sichere Treffer und reinliche Chorsänger werden konnten. Unter den zu diesem Zwecke bestimmten zweichörigen Motetten finden sich mehrere, die an Pracht, an Reichtum der Harmonie und Melodie, und an Leben und Geist alles übertreffen, was man von dieser Art hören kann. Sie sind aber, wie alle Bachischen, oder vielmehr wie alle reichen, großen Kunstwerke, schwer auszuführen, und müssen noch überdies stark besetzt sein, wenn sie ihre volle Wirkung tun sollen.

Dies ist das Wichtigste von *Bachs* Werken für den Gesang. Für die kleinere, der geselligen Unterhaltung gewidmete Kunst hat er nichts, wenigstens gewiß nicht viel getan, ein so geselliger und freundlicher Mann er auch sonst war. So soll er z. B. nie ein Lied gemacht haben. Dazu bedurfte es aber auch seiner nicht. Diese kleinen lieblichen Kunstblümchen werden deswegen doch nie ausgehen; die Natur treibt sie allenfalls auch ohne besondere Pflege von selbst hervor.

VII.

Es gibt manche gute Komponisten und geschickte Virtuosen für alle Instrumente, welche nicht imstande sind, das, was sie wissen oder können, andere zu lehren. Sie haben mit der Übung, durch welche ihre natürlichen Anlagen entwickelt wurden, entweder nicht hinlängliche Aufmerksamkeit verbunden, oder sie sind durch guten Unterricht auf dem geradesten Wege zu einem gewissen Ziel geführt worden, und haben das Nachdenken über die Ursachen, warum etwas so und nicht anders gemacht werden müsse, ihren Lehrern überlassen. Wenn solche Künstler wirklich gut unterrichtet sind, so kann ihre Ausübung für Anfänger lehrreich werden, aber unterrichten können sie eigentlich nicht. Der mühsame Weg des Selbstunterrichts, auf welchem sich der Lehrling tausendmal verirrt, ehe er das Ziel entdeckt oder erreicht, ist vielleicht der einzige, der einen vollkommen guten Lehrer hervorbringen kann. Die öftern fruchtlosen Versuche und Verirrungen machen nach und nach mit dem ganzen Kunstgebiet bekannt, und jedes Hindernis des Fortkommens wird entdeckt und vermeiden gelernt. Freilich ist dieser Weg der längere; wer aber Kraft in sich hat, wird ihn dennoch vollenden, und zum Lohn seiner Anstrengungen sein Ziel auf einem desto anmutigern Weg finden lernen. Alle diejenigen, welche je eine eigene Schule in der Musik gestiftet haben, sind auf solchen beschwerlichen Wegen dazu gelangt. Der von ihnen entdeckte neue, anmutigere Weg war das, was ihre Schule von andern Schulen unterschied.

Ebenso ist es mit der Bachischen Schule beschaffen. Ihr Urheber irrte lange umher, mußte erst ein Alter von mehr als dreißig Jahren erreichen und durch stete Anstrengungen an Kräften immer mehr wachsen, ehe er alle Schwierigkeiten und Hindernisse überwinden lernte. Dafür hat er aber auch am Ende den schönsten und reizendsten Weg entdeckt, welchen es vielleicht im ganzen Kunstgebiet gibt.

Nur derjenige, welcher viel weiß, kann viel lehren. Nur derjenige, welcher Gefahren kennengelernt, selbst ausgestanden und überwunden hat, kann sie gehörig bemerklich machen und seine Nachfolger mit Erfolg belehren, wie ihnen ausgewichen werden müsse. Beides vereinigte sich bei *Bach*. Sein Unterricht wurde dadurch

der lehrreichste, zweckmäßigste und sicherste, den es je
gegeben hat, und alle seine Schüler traten, wenigstens
in irgend einem Zweig der Kunst in die Fußstapfen ihres
großen Meisters, obgleich keiner ihn erreichte und noch
viel weniger übertraf.

Ich will zuerst etwas über seinen Unterricht im Spielen
sagen. Das erste, was er hierbei tat, war, seine Schüler
die ihm eigene Art des Anschlags, von welcher schon
geredet worden ist, zu lehren. Zu diesem Behuf mußten
sie mehrere Monate hindurch nichts als einzelne Sätze
für alle Finger beider Hände, mit steter Rücksicht auf
diesen deutlichen und saubern Anschlag, üben. Unter
einigen Monaten konnte keiner von diesen Übungen los-
kommen, und seiner Überzeugung nach hätten sie wenigstens sechs bis zwölf Monate lang fortgesetzt werden
müssen. Fand sich aber, daß irgend einem derselben nach
einigen Monaten die Geduld ausgehen wollte, so war
er so gefällig, kleine, zusammenhängende Stücke vorzu-
schreiben, worin jene Übungssätze in Verbindung gebracht waren. Von dieser Art sind die sechs kleinen Präludien für Anfänger, und noch mehr die fünfzehn zweistimmigen Inventionen. Beide schrieb er in den Stunden
des Unterrichts selbst nieder, und nahm dabei bloß auf
das gegenwärtige Bedürfnis des Schülers Rücksicht. In
der Folge hat er sie aber in schöne, ausdrucksvolle kleine
Kunstwerke umgeschaffen. Mit dieser Fingerübung entweder in einzelnen Sätzen oder in den dazu eingerichteten kleinen Stücken, war die Übung aller Manieren in
beiden Händen verbunden.

Hierauf führte er seine Schüler sogleich an seine

eigenen größern Arbeiten, an welchen sie, wie er recht gut wußte, ihre Kräfte am besten üben konnten. Um ihnen die Schwierigkeiten zu erleichtern, bediente er sich eines vortrefflichen Mittels, nämlich: er spielte ihnen das Stück, welches sie einüben sollten, selbst erst im Zusammenhange vor, und sagte dann: So muß es klingen. Man kann sich kaum vorstellen, mit wievielen Vorteilen diese Methode verbunden ist. Wenn durch das Vergnügen, ein solches Stück in seinem wahren Charakter zusammenhängend vortragen zu hören, auch nur der Eifer und die Lust des Schülers angefeuert würde, so wäre der Nutzen schon groß genug. Allein dadurch, daß der Schüler nun auch auf einmal einen Begriff bekommt, wie das Stück eigentlich klingen muß, und welchen Grad von Vollkommenheit er zu erstreben hatte, wird der Nutzen noch ungleich größer. Denn .sowohl das eine als das andere kann der Schüler ohne ein solches Erleichterungsmittel nur nach und nach, so wie er die mechanischen Schwierigkeiten allmählich überwindet, und vielleicht doch nur sehr unvollkommen kennen und fühlen lernen. Überdies ist nun der Verstand mit in das Spiel gezogen worden, unter dessen Leitung die Finger weit besser gehorchen, als sie ohne dieselbe vermögen würden. Kurz, dem Schüler schwebt nun ein Ideal vor, welches den Fingern die im gegebenen Stücke liegenden Schwierigkeiten erleichtert, und mancher junge Clavierspieler, der kaum nach Jahren einen Sinn in ein solches Stück zu bringen weiß, würde es vielleicht in einem Monat recht gut gelernt haben, wenn es ihm nur ein einziges Mal im gehörigen Zusammenhange und in gehöriger Vollkommenheit vorgespielt worden wäre.

So zweckmäßig und sicher *Bachs* Lehrart im Spielen war, so war sie es auch in der Komposition. Den Anfang machte er nicht mit trockenen, zu nichts führenden Contrapunkten, wie es zu seiner Zeit von andern Musiklehrern geschah; noch weniger hielt er seine Schüler mit Berechnungen der Tonverhältnisse auf, die nach seiner Meinung nicht für den Komponisten, sondern für den bloßen Theoretiker und Instrumentenmacher gehörten. Er ging sogleich an den reinen vierstimmigen Generalbaß, und drang dabei sehr auf das Aussetzen der Stimmen, weil dadurch der Begriff von der reinen Fortschreitung der Harmonie am anschaulichsten gemacht wird. Hierauf ging er an Choräle. Bei diesen Übungen setzte er selbst anfänglich die Bässe, und ließ von den Schülern nur den Alt und Tenor dazu erfinden. Nach und nach ließ er sie auch die Bässe machen. Überall sah er nicht nur auf die höchste Reinheit der Harmonie an sich, sondern auch auf natürlichen Zusammenhang und fließenden Gesang aller einzelnen Stimmen. Was für Muster er selbst in dieser Art geliefert hat, weiß jeder Kenner; seine Mittelstimmen sind oft so sangbar, daß sie als Oberstimmen gebraucht werden könnten. Nach solchen Vorzügen mußten auch seine Schüler in diesen Übungen streben, und ehe sie nicht einen hohen Grad von Vollkommenheit hierin erreicht hatten, hielt er es nicht für ratsam, sie eigene Erfindungen versuchen zu lassen. Ihr Gefühl für Reinheit, Ordnung und Zusammenhang in den Stimmen mußte erst an andern Erfindungen geschärft und gleichsam zu einer Gewohnheit werden, ehe er ihnen zutraute, dieselben Eigenschaften ihren eigenen Erfindungen geben zu können.

Überdies setzte er bei allen seinen Kompositionsschülern die Fähigkeit, musikalisch denken zu können, voraus. Wer diese nicht hatte, erhielt von ihm den aufrichtigen Rat, mit der Komposition sich nicht zu beschäftigen. Daher fing er auch sowohl mit seinen Söhnen als andern Schülern das Kompositions-Studium nicht eher an, bis er Versuche von ihnen gesehen hatte, worin er diese Fähigkeit, oder das, was man musikalisches Genie nennt, zu bemerken glaubte. Wenn sodann die schon erwähnten Vorbereitungen in der Harmonie geendigt waren, nahm er die Lehre von den Fugen vor, und machte mit zweistimmigen den Anfang usw. In allen diesen und andern Kompositionsübungen hielt er seine Schüler strenge an, 1. ohne Clavier, aus freiem Geiste zu komponieren. Diejenigen, welche es anders machen wollten, schalt er Clavier-Ritter; 2. ein stetes Augenmerk sowohl auf den Zusammenhang jeder einzelnen Stimme für und in sich, als auf ihr Verhältnis gegen die mit ihr verbundenen und zugleich fortlaufenden Stimmen zu haben. Keine, auch nicht eine Mittelstimme durfte abbrechen, ehe das, was sie zu sagen hatte, vollständig gesagt war. Jeder Ton mußte seine Beziehung auf einen vorhergehenden haben; erschien einer, dem nicht anzusehen war, woher er kam oder wohin er wollte, so wurde er als ein Verdächtiger ohne Anstand verwiesen. Dieser hohe Grad von Genauigkeit in der Behandlung jeder einzelnen Stimme ist es eben, was die Bachische Harmonie zu einer vielfachen Mode machte. Das unordentliche Untereinanderwerfen der Stimmen, so daß ein Ton, welcher in den Tenor gehört, nun in den Alt geworfen wird, und umgekehrt; ferner das unzeitige Einfallen mehrerer Töne bei einzelnen Harmonien, die, wie vom Himmel gefallen, die angenommene Anzahl der Stimmen auf einer einzelnen Stelle plötzlich vermehren, auf der folgenden Stelle aber wieder verschwinden, und auf keine Weise zum Ganzen gehören, kurz das, was *Seb. Bach* mit dem Worte *Mantschen* (sudeln, Töne und Stimmen unordentlich untereinander mengen) bezeichnet haben soll, findet sich weder bei ihm selbst, noch bei irgend einem seiner Schüler. Er sah seine Stimmen gleichsam als Personen an, die sich wie eine geschlossene Gesellschaft miteinander unterredeten. Waren ihrer drei, so konnte jede derselben bisweilen schweigen und den andern so lange zuhören, bis sie selbst wiederum etwas Zweckmäßiges zu sagen hatte. Kamen aber auf einmal mitten in der besten Unterredung ein Paar unberufene und unbescheidene fremde Töne in ihre Mitte gestürzt und wollten *ein* Wort, vielleicht gar nur eine Silbe eines Worts ohne Verstand und Beruf mit einsprechen, so hielt dies Bach für eine große Unordnung und bedeutete seine Schüler, daß sie nie zu gestatten sei.

Bei aller Strenge dieser Art, gestattete er dennoch auf einer andern Seite seinen Schülern große Freiheiten. Sie durften im Gebrauch der Intervalle, in den Wendungen der Melodie und Harmonie alles wagen, was sie wollten und konnten, nur mußte nichts vorkommen, was dem musikalischen Wohlklang, oder der völlig richtigen, unzweideutigen Darstellung des innern Sinnes, um deswillen alle Reinheit der Harmonie gesucht wird, nachteilig sein konnte. So wie er selbst hierin alle Möglichkeiten versucht hat, so sah er es auch gerne, wenn seine Schüler es taten. Andere Kompositionslehrer vor ihm, wie z. B. *Berardi, Bononcini* und *Fux* gestatteten nicht so viele Freiheiten. Sie waren bange, daß ihre Schüler dadurch in Gefahren verwickelt werden möchten, veranlaßten aber dadurch offenbar, daß sie auch nie Gefahren überwinden lernten. Die Lehrart *Bachs* ist daher gewiß zweckmäßiger und führt weiter. Auch schränkt er sich überhaupt nicht so wie seine Vorgänger bloß auf den reinen Satz an sich ein, sondern nimmt überall Rücksicht auf die noch übrigen Erfordernisse einer wirklich guten Komposition, nämlich auf Einheit des Charakters durch ein ganzes Stück, auf Verschiedenheit des Stils, auf den Rhythmus, auf Melodie etc. Wer die Bachische Lehrmethode in der Komposition nach ihrem Umfange kennenlernen will, findet sie in *Kirnbergers* « Kunst des reinen Satzes» hinlänglich erläutert.

Endlich durften seine Schüler, solange sie unter seiner musikalischen Aufsicht standen, außer seinen eigenen Kompositionen nichts als klassische Kunstwerke studieren und kennenlernen. Der Verstand, durch welchen das wahre Gut erst erkannt wird, entwickelt sich später als das Gefühl, nicht zu gedenken, daß auch selbst dieser durch häufige Beschäftigung mit unechter Kunst irregemacht und verwöhnt werden kann. Gewöhnung an das Gute ist daher die beste Lehrart für die Jugend. Die Begriffe davon folgen mit der Zeit nach, und können dann die Anhänglichkeit an echte Kunstwerke immer mehr befestigen.

Alle seine Schüler sind bei dieser so vortrefflichen Lehrart ausgezeichnete Künstler geworden, obgleich einer mehr als der andere, je nachdem einer entweder früher in seine Schule kam oder in der Folge Aufmunterung und Veranlassung zur fernern Ausbildung und Anwendung des von ihm erhaltenen Unterrichts fand. Seine beiden ältesten Söhne, *Wilh. Friedemann* und *C. Ph. Emanuel*, sind indessen doch die ausgezeichnetsten unter ihnen geworden, gewiß nicht, weil er ihnen bessern Unterricht als seinen übrigen Schülern erteilt hat, sondern weil sie schon von ihrer ersten Jugend an Gelegenheit hatten, im väterlichen Hause nichts als gute Musik zu hören. Sie wurden also schon frühe, selbst ehe sie noch Unterricht erhielten, an das Vorzüglichste der Kunst gewöhnt, während die übrigen, ehe sie seines Unterrichts teilhaftig werden konnten, entweder noch nichts Gutes gehört hatten, oder durch gemeine Kompositionen schon verwöhnt waren. Man kann übrigens die Güte der Schule daran erkennen, daß, ungeachtet solcher Nachteile, auch selbst die Bachischen Schüler dennoch sämtlich einen hohen Kunstsinn erhalten und sich auf eine oder die andere Art ausgezeichnet haben*.

Sein ältester Schüler war *Joh. Caspar Vogler*, der seines Unterrichts schon in Arnstadt und Weimar genoß, und, selbst nach des Lehrers Zeugnis, ein sehr starker Orgel-

---

* Es ist hier bloß die Rede von solchen Schülern, welche die Kunst zu ihrer Hauptbeschäftigung gemacht haben. Außer diesen hat Bach noch gar viele andere Schüler gehabt. Jeder in seiner Nähe lebende Dilettant wollte sich wenigstens rühmen können, den Unterricht eines so großen und berühmten Mannes genossen zu haben. Viele gaben sich auch für dessen Schüler aus, ohne es je gewesen zu sein.

spieler geworden ist. Er wurde anfänglich Organist in Weimar, zuletzt aber mit Beibehaltung seiner Organisten-Stelle Burgermeister daselbst. Einige Choralvorspiele für zwei Claviere und Pedal von ihm, sind im Jahre 1737 in Kupfer gestochen worden.

Die übrigen merkwürdig gewordenen Bachischen Schüler waren:

1. *Homilius* in Dresden, nicht nur ein vortrefflicher Organist, sondern auch ein vorzüglicher Komponist für die Kirche.

2. *Transchel* in Dresden. Er war ein feiner Clavierspieler und ein guter Musiklehrer. Man hat sechs Polonaisen fürs Clavier von ihm in Manuskript, die außer den Wilh. Friedemannischen vielleicht alle Polonaisen in der Welt übertreffen.

3. *Goldberg* aus Königsberg. Er war ein sehr starker Clavierspieler, aber ohne besondere Anlage zur Komposition.

4. *Krebs*, Organist zu Altenburg. Er war nicht nur ein sehr guter Orgelspieler, sondern auch ein fruchtbarer Komponist für Orgel, Clavier und Kirchenmusik. Er hatte Gelegenheit, Bachs Unterricht 9 Jahre lang zu genießen. Zur Bezeichnung seiner Vortrefflichkeit sagten zu seiner Zeit die witzigen Kunstliebhaber: es sei in *einem Bach* nur *ein Krebs* gefangen worden.

5. *Altnikol*, Organist zu Naumburg und Schwiegersohn seines Lehrers. Er soll ein starker Orgelspieler und Komponist gewesen sein.

6. *Agricola*, preußischer Hof-Komponist. Er ist weniger durch Kompositionen als durch seine Kenntnisse

in der Theorie der Musik bekannt. *Tosis* Anweisung zum Singen hat er aus dem Italienischen ins Deutsche übersetzt und mit sehr lehrreichen Anmerkungen begleitet.

7. *Müthel* in Riga. Er war ein starker Clavierspieler und Komponist für sein Instrument. Sein gedrucktes Duett für zwei Claviere, sowie seine früher herausgekommenen Sonaten, können dies beweisen.

8. *Kirnberger*, Hof-Musikus der Prinzessin Amalia von Preußen zu Berlin. Er war einer der merkwürdigsten unter Bachs Schülern, voll des nützlichsten Kunsteifers und wahren hohen Kunstsinnes. Außer der Entwicklung der Bachischen Lehrart in der Komposition, hat ihm die musikalische Welt auch das erste und einzige haltbare System der Harmonie zu danken, welches er aus seines Lehrers praktischen Werken abstrahiert hat. Das eine tat er in seiner « Kunst des reinen Satzes », und das andere in den wahren Grundsätzen zum Gebrauch der Harmonie. Außerdem ist er der Kunst noch durch andere Schriften und Kompositionen, sowie auch durch Lehren, nützlich geworden. *Amalia* selbst war seine Schülerin.

9. *Kittel*, Organist in Erfurt. Er ist ein sehr gründlicher (obgleich nicht sehr fertiger) Orgelspieler. Als Komponist hat er sich durch mehrere Orgeltrios ausgezeichnet, die so vortrefflich sind, daß sich selbst sein Meister ihrer nicht geschämt haben würde. Er ist der einzige noch lebende Bachische Schüler.

10. *Voigt* in Anspach und ein Organist *Schubert* sind mir von *C. Ph. Emanuel* noch als Schüler seines Vaters genannt worden. Von beiden wußte er aber nichts näheres

zu sagen, als daß sie erst ins väterliche Haus gekommen sind, nachdem er es schon verlassen hatte.

Ich habe oben gesagt, daß *Bachs* Söhne sich unter seinen Schülern am meisten ausgezeichnet haben. Der älteste, *Wilh. Friedemann*, kam in der Originalität aller seiner Gedanken seinem Vater am nächsten. Alle seine Melodien sind anders gewendet als die Melodien anderer Komponisten, und doch nicht nur äußerst natürlich, sondern zugleich außerordentlich fein und zierlich. Fein vorgetragen, wie er selbst sie vortrug, müssen sie notwendig jeden Kenner entzücken. Nur schade, daß er mehr fantasierte, und bloß in der Fantasie nach musikalischen Delikatessen grübelte, als schrieb. Die Anzahl seiner schönen Kompositionen ist daher nicht groß.

C. Ph. Emanuel folgt zunächst auf ihn. Dieser kam frühe genug in die große Welt, um noch zu rechter Zeit zu bemerken, wie man für ein ausgebreitetes Publikum komponieren müsse. Er nähert sich daher an Deutlichkeit und leichter Faßlichkeit seiner Melodien schon etwas dem Populären, bleibt aber noch vollkommen edel. Beide ältesten Söhne gestanden übrigens offenherzig: sie hätten sich notwendig eine eigene Art von Stil wählen müssen, weil sie ihren Vater in dem seinigen doch nie erreicht haben würden.

Johann Christoph Friedrich, bückeburgischer Konzertmeister, ahmte die Manier *Emanuels* nach, erreichte seinen Bruder aber nicht. Er soll jedoch nach *Wilh. Friedemanns* Aussage unter den Brüdern der stärkste Spieler gewesen sein, und seines Vaters Clavierkompositionen am fertigsten vorgetragen haben.

Johann Christian, der sogenannte Mailändische, nachher Londonsche *Bach*, hatte als jüngster Sohn zweiter Ehe das Glück nicht mehr, seines Vaters Unterricht zu genießen. Der Bachische Originalgeist ist daher in keinem seiner Werke zu finden. Er ist dagegen ein Volkskomponist geworden, der zu seiner Zeit allgemein beliebt war.

VIII.

Außer den großen Verdiensten, welche *Bach* in der Kunst als vollendeter Spieler, Komponist und Musiklehrer hatte, besaß er auch das Verdienst, ein vorzüglich guter Hausvater, Freund und Staatsbürger zu sein. Die Tugenden des Hausvaters bewies er durch seine Sorgfalt für die Bildung seiner Kinder, und die übrigen durch gewissenhafte Erfüllung gesellschaftlicher und bürgerlicher Pflichten. Sein Umgang war jedermann angenehm. Wer nur irgend ein Kunstliebhaber war, er mochte fremd oder einheimisch sein, konnte sein Haus besuchen, und sicher sein, eine freundliche Aufnahme zu finden. Diese geselligen Tugenden mit seinem großen Kunstruf vereint, waren auch Ursache, daß sein Haus fast nie von Besuchen leer wurde.

Als Künstler war er außerordentlich bescheiden. Bei dem großen Übergewicht, welches er über seine Kunstverwandten hatte, und gewiß fühlen mußte, bei der Bewunderung und Ehrerbietung, die ihm täglich als so hervorragendem Künstler bewiesen wurde, hat man doch kein Beispiel, daß er je irgend einen Anspruch darauf gebaut hätte. Wenn er bisweilen gefragt wurde, wie er es denn angefangen habe, der Kunst in einem so hohen Grade mächtig zu werden, antwortete er gewöhnlich: Ich habe fleißig sein müssen; wer ebenso fleißig ist, der wird es ebensoweit bringen können. Auf seine größern angeborenen Gaben schien er nichts zu rechnen. Alle seine Urteile über andere Künstler und ihre Werke waren freundlich und billig. Es mußte ihm notwendig manches Kunstwerk klein vorkommen, da er sich ausschließend fast immer mit der höhern, größern Kunst beschäftigte; dennoch hat er sich nie erlaubt, ein hartes Urteil darüber zu äußern, es müßte denn gegen einen seiner Schüler gewesen sein, welchen er reine, strenge Wahrheit schuldig zu sein glaubte. Noch weniger hat er sich je durch das Gefühl seiner Kraft und Übermacht verleiten lassen, ein herausfordernder musikalischer Renomist zu werden, wie dies so häufig der Fall ist bei Spielern, die sich für stark halten, wenn sie einen schwächern vor sich zu sehen glauben. Seine Bescheidenheit ging hierin so weit, daß er selbst von dem musikalischen Wettstreit, welchen er gegen *Marchand* bestehen sollte, nie freiwillig sprach, ob er gleich hier nicht Ausforderer, sondern der Aufgeforderte war. Die vielen zum Teil abenteuerlichen Fechterstreiche, die ihm nachgesagt werden, z. B. daß er bisweilen, als ein armer Dorfschulmeister gekleidet, in eine Kirche gekommen sei, und den Organisten gebeten habe, ihn einen Choral spielen zu lassen, um sodann das durch sein Spielen erregte allgemeine Staunen der Anwesenden zu genießen, oder vom Oganisten zu hören, er müsse entweder *Bach* oder der Teufel sein etc., sind erdichtete

Er selbst hat nie etwas davon wissen wollen. Auch hatte er zuviel wahre Kunst, als daß er solche Scherze mit ihr hätte treiben können. Ein Künstler wie Bach wirft sich nicht weg.

In musikalischen Gesellschaften, in welchen Quartette oder vollstimmigere Instrumentalstücke aufgeführt wurden, und er sonst nicht dabei beschäftigt war, machte es ihm Vergnügen, die Bratsche mitzuspielen. Er befand sich mit diesem Instrument gleichsam in der Mitte der Harmonie, aus welcher er sie von beiden Seiten am besten hören und genießen konnte. Wenn es in solchen Gesellschaften die Gelegenheit mit sich brachte, accompagnierte er auch bisweilen ein Trio oder sonst etwas mit dem Flügel. War er dann fröhlichen Geistes, und wußte, daß es der etwa anwesende Komponist des Stücks nicht übelnehmen würde, so pflegte er, wie schon oben gesagt worden, entweder aus dem bezifferten Baß ein neues Trio, oder aus drei einzelnen Stimmen ein Quartett aus dem Stegreif zu machen. Dies sind aber wirklich die einzigen Fälle, wobei er gegen andere bewies, wie stark er war. Ein gewisser *Hurlebusch* aus Braunschweig, ein eingebildeter und übermütiger Clavierspieler, besuchte ihn einst in Leipzig, nicht um ihn zu hören, sondern um sich hören zu lassen. *Bach* nahm ihn freundlich und höflich auf, hörte sein sehr unbedeutendes Spielen mit Geduld an, und als er beim Abschied den ältesten Söhnen ein Geschenk mit einer gedruckten Sammlung von Sonaten machte, mit der Ermahnung, daß sie sie recht fleißig studieren möchten (sie, die schon ganz andere Sachen studiert hatten), lächelte er doch bloß in sich, und wurde gegen den Fremden nicht im mindesten unfreundlicher.

Er mochte gern fremde Musik hören. Wenn er nun in einer Kirche eine starkbesetzte Fuge hörte, und einer seiner beiden ältesten Söhne stand etwa neben ihm, so sagte er stets vorher, sobald er die ersten Eintritte des Themas gehört hatte, was der Komponist und von Rechts wegen anbringen müsse, und was möglicherweise angebracht werden könne. Hatte nun der Komponist gut gearbeitet, so trafen seine Vorhersagungen ein; dann freute er sich, und stieß den Sohn an, um ihn aufmerksam darauf zu machen. Man sieht hieraus, daß er auch die Kunst anderer schätzte.

Die Komponisten, die er in seiner Jugend studierte, schätzte und liebte, sind schon genannt. In seinem spätern, völlig reifen Alter wurden sie aber verdrängt. Hingegen hielt er nun viel auf den ehemaligen kaiserlichen Ober-Kapellmeister *Fux*, auf *Händel*, auf *Caldara*, auf *Reinh. Kaiser*, auf *Hasse*, beide *Graune, Telemann, Zelenka, Benda* etc. überhaupt auf alles, was damals in Dresden und Berlin am vorzüglichsten war. Die ersten vier, nämlich *Fux, Händel, Caldara* und *Kaiser*, kannte er nicht persönlich, die übrigen aber sämtlich. Mit *Telemann* hatte er in seiner Jugend vielen Umgang. *Händel* achtete er sehr hoch und wünschte oft, ihn persönlich kennenzulernen. Da Händel ebenfalls ein großer Clavier- und Orgelspieler war, so wünschten auch viele Musikfreunde in Leipzig und in der dortigen Gegend, beide große Männer einmal gegeneinander zu hören. Aber *Händel* konnte nie die Zeit zu einer solchen Zusammenkunft finden. Er war dreimal aus London zum Besuch nach Halle (seiner Vaterstadt) gekommen. Beim ersten Besuch, etwa im Jahr 1719, war Bach noch in Köthen, nur vier kleine Meilen von Halle entfernt. Er erfuhr Händels Ankunft sogleich, und säumte keinen Augenblick, ihm unverzüglich seinen Besuch abzustatten; aber gerade am Tage seiner Ankunft reiste Händel wieder von Halle ab. Beim zweiten Händelschen Besuch in Halle (zwischen 1730–1740) war Bach schon in Leipzig, aber krank. Er sandte aber, sobald er Händels Ankunft in Halle erfahren hatte, sogleich seinen ältesten Sohn, *Wilh. Friedemann*, dahin, und ließ Händel aufs höflichste zu sich nach Leipzig einladen. *Händel* bedauerte aber, daß er nicht kommen könne. Beim dritten Besuch, um das Jahr 1752 oder 1753 war Bach schon tot. Sein Wunsch, Händel persönlich kennenzulernen, wurde ihm also ebensowenig erfüllt, als der Wunsch vieler Musikfreunde, die *ihn* und *Händel* gern nebeneinander gesehen und gehört hätten.

In Dresden war die Kapelle und die Oper, während *Hasse* Kapellmeister dort war, sehr glänzend und vortrefflich. *Bach* hatte schon in frühern Jahren dort viele Bekannte, von welchen allen er sehr geehrt wurde. Auch *Hasse* nebst seiner Gattin, der berühmten *Faustina*, waren mehrere Male in Leipzig gewesen, und hatten seine große Kunst bewundert. Er hatte auf diese Weise immer eine ausgezeichnet ehrenvolle Aufnahme in Dresden, und ging oft dahin, um die Oper zu hören. Sein ältester Sohn mußte ihn gewöhnlich begleiten. Er pflegte dann einige Tage vor der Abreise im Scherz zu sagen: Friedemann, wollen wir nicht die schönen Dresdener Liederchen einmal wieder hören? So unschuldig dieser Scherz an sich ist, so bin ich doch überzeugt, daß ihn *Bach* gegen keinen andern als gegen diesen Sohn geäußert haben würde, der um jene Zeit ebenfalls schon wußte, was in der Kunst groß, und was bloß schön und angenehm ist.

Was man in der Welt ein glänzendes Glück nennt, hat *Bach* nicht gemacht. Er hatte zwar ein einträgliches Amt, aber er hatte auch von den Einkünften desselben eine große Anzahl Kinder zu ernähren und zu erziehen. Andere Hilfsquellen hatte und suchte er nicht. Er war viel zu sehr in seine Geschäfte und in seine Kunst vertieft, als daß er diejenigen Wege hätte einschlagen mögen, auf welchen vielleicht für einen solchen Mann, wie er war, besonders in seiner Zeit, eine Goldgrube zu finden gewesen wäre. Wenn er hätte reisen wollen, so würde er, wie sogar einer seiner Feinde gesagt hat, die Bewunderung der ganzen Welt auf sich gezogen haben. Allein, er liebte ein häusliches, stilles Leben, eine stete, ununterbrochene Beschäftigung mit seiner Kunst, und war, wie schon von seinen Vorfahren gesagt worden ist, genügsam.

Überdies gebrach es ihm in seinem Leben weder an Liebe und Freundschaft, noch an großer Ehre. Der Fürst *Leopold* in Köthen, Herzog *Ernst August* in Weimar, und Herzog *Christian* in Weißenfels waren ihm mit herzlicher Liebe zugetan, die dem großen Künstler um so mehr wert sein mußte, da diese Fürsten nicht bloß Freunde, sondern auch Kenner der Kunst waren. In Berlin und Dresden wurde er ebenfalls allgemein geachtet und verehrt. Wenn man hierzu noch die Bewunderung der Kenner und Liebhaber der Kunst rechnet, die ihn gehört oder seine Werke kennengelernt hatten, so wird man leicht begreifen, daß ein Mann wie *Bach*, der nur «sich und den Musen sang», auch aus den Händen des Ruhms alles erhalten hatte, was er sich wünschen konnte, und was für ihn mehr Reiz hatte, als die zweideutigen Geschenke eines Ordensbandes oder einer goldenen Kette.

Daß er im Jahr 1747 Mitglied der von Mizler gestifteten Societät der musikalischen Wissenschaften wurde, würde kaum bemerkt zu werden verdienen, wenn wir diesem Umstand nicht den vortrefflichen Choral: *Vom Himmel hoch* zu verdanken hätten. Er übergab diesen Choral der Societät bei seinem Eintritt in dieselbe, und ließ ihn nachher in Kupfer stechen.

IX.

Es ist schon mehrere Male der großen Sorgfalt gedacht worden, mit welcher *Bach* sein ganzes Leben hindurch an seinen Werken zu verbessern suchte. Ich habe Gelegenheit gehabt, viele Abschriften seiner Hauptwerke aus verschiedenen Jahren miteinander zu vergleichen, und ich muß gestehen, daß ich mich oft über die Mittel gewundert und gefreut habe, deren er sich bediente, um nach und nach das Fehlerhafte gut, das Gute besser und das Bessere zum Allerbesten zu machen. Nichts kann für einen Kenner, sowie für jeden eifrigen Kunstbeflissenen, lehrreicher sein als solche Vergleichungen. Es wäre daher sehr zu wünschen, daß der Ausgabe der sämtlichen Bachischen Werke am Ende ein Heft beigefügt werden

könnte, bloß um darin die wichtigsten und lehrreichsten
Varianten aus seinen besten Werken zu sammeln, und
zur Vergleichung nebeneinanderzustellen. Warum sollte
so etwas bei den Werken des Komponisten, des Dichters in Tönen nicht ebensogut gehen können, als bei den
Werken des Dichters in Worten?

In seinen frühern Arbeiten war *Bach* wie andere Anfänger sehr oft in dem Fall, einerlei Gedanken mehrere
Male, nur mit andern Worten zu wiederholen, das heißt:
dieselbe Modulation wurde vielleicht in einer tiefern,
vielleicht in eben derselben Octave, oder auch mit einer
andern melodischen Figur wiederholt. Eine solche Armut
konnte er in reifern Jahren nicht ertragen; was er also
von dieser Art fand, wurde ohne Bedenken verworfen,
das Stück mochte auch schon in so vielen Händen sein,
oder so vielen gefallen haben als es wollte. Zwei der
merkwürdigsten Beispiele hiervon sind die beiden Präludien aus C dur und Cis dur im ersten Teil des wohltemp. Claviers. Beide sind dadurch zwar um die Hälfte
kürzer, aber auch zugleich von allem unnützen Überfluß
befreit worden.

In andern Stücken sagte *Bach* oft zu wenig. Sein Gedanke war also nicht vollständig ausgedrückt und bedurfte noch einiger Zusätze. Hiervon ist mir als das
merkwürdigste Beispiel unter allen das Präludium in
D moll aus dem zweiten Teil des wohlt. Claviers vorgekommen. Ich besitze vielerlei verschiedene Abschriften
dieses Stücks. In der ältesten fehlt die erste Versetzung
des Themas in den Baß, sowie noch manche andere Stelle,
die zur vollständigen Darstellung des Gedankens erfor-

derlich war. In der zweiten ist die Versetzung des Themas in den Baß, sooft es in verwandten Tonarten vorkommt, eingeschaltet. In der dritten sind auch andere Sätze vollständiger ausgedrückt und in bessern Zusammenhang gebracht worden. Endlich waren noch einige Wendungen oder Figuren der Melodie übrig, die dem Geist und Stil des Ganzen nicht anzugehören schienen. Diese sind in der vierten Abschrift so gebessert, daß nun dieses Präludium zu einem der schönsten und tadellosesten im ganzen wohltemp. Clavier geworden ist. Mancher hatte sein Wohlgefallen schon an der ersten Einrichtung desselben, und hielt die nachherige Umschaffung für weniger schön. *Bach* ließ sich aber dadurch nicht irremachen; er besserte so lange daran, bis es *ihm* gefiel.

Am Anfang des verflossenen Jahrhunderts war es Mode, auf Instrumenten einzelne Töne so mit Laufwerk zu überhäufen, wie man seit einiger Zeit wieder anfängt, es im Gesange zu tun. *Bach* bewies der Mode seine Achtung dadurch, daß er ebenfalls einige Stücke in dieser Art komponierte. Eines derselben ist das Präludium in E moll aus dem ersten Teil des wohltemp. Claviers. Er kehrte aber bald zur Natur und zum reinen Geschmack zurück, und änderte es so um, wie es nun gestochen ist.

Jedes Jahrzehnt hat einige Formen von melodischen Wendungen, die demselben eigen sind, die aber gewöhnlich schon mit dem Ablauf desselben veralten. Ein Komponist, der seine Werke auf die Nachwelt zu bringen gedenkt, muß sich vor ihnen hüten. *Bach* scheiterte in seinen frühern Jahren ebenfalls an dieser Klippe. Seine ersten Orgelkompositionen, und seine zweistimmigen

Inventionen nach ihrer ersten Gestalt sind voll von Floskeln seines Zeitgeschmacks. Die Orgelsachen sind geblieben, wie sie einmal waren; aber die Inventionen haben große Verbesserungen erhalten. Das Publikum wird bald Gelegenheit haben, sie in ihrer ältern und neuern Gestalt miteinander zu vergleichen, da die Verlagshandlung den rühmlichen Entschluß gefaßt hat, die erste Ausgabe derselben zu unterdrücken, und den Interessenten eine verbesserte dafür zu liefern.

Dis bisher angegebenen Verbesserungsmittel erstrecken sich jedoch nur auf äußere Form, und auf das Zuviel und Zuwenig in der Darstellung eines Gedankens im großen. Aber *Bach* bediente sich noch weit häufiger feinerer Mittel zur Vervollkommnung seiner Werke, die man kaum beschreiben kann. Einheit des Stils und Charakters wird oft in einzelnen Stellen durch Umänderung einer einzigen Note erhalten, gegen welche in ihrer vorigen Lage auch der strengste musikalische Grammatiker nichts erinnern konnte, die aber dennoch den Kenner immer noch etwas anderes wünschen ließ. Auch gemeine Sätze werden oft durch Veränderung, Wegnehmen oder Hinzusetzen einer einzigen Note in die edelsten umgeschaffen. Hier kann nur das geübteste Gefühl und der feinste, gebildetste Geschmack entscheiden. Dieses feine Gefühl und diesen gebildeten Geschmack besaß Bach in der höchsten Vollkommenheit. Er hatte beides nach und nach so geübt, daß ihm zuletzt gar kein Gedanke mehr kommen konnte, der nicht sogleich nach allen seinen Eigenschaften und Beziehungen dem Ganzen so angehörte, wie er sollte und mußte. Seine spätern Werke sind daher sämtlich wie in einem Guß gegossen, so weich, sanft und eben strömt der ungeheure Reichtum der verschiedensten ineinander verschmolzenen Gedanken darin fort. Dies ist die hohe Stufe von Kunst-Vollendung, die in der innigsten Vereinigung der Melodie und Harmonie noch niemand als *Joh. Seb. Bach* erreicht hat.

X.

Wenn ein Künstler Werke in großer Anzahl geliefert hat, die sämtlich von der verschiedensten Art sind, die sich von den Werken aller andern Komponisten jedes Zeitalters unterscheiden und den höchsten Reichtum der originellsten Gedanken, sowie den lebendigsten, jeden, er sei Kenner oder Nichtkenner, ansprechenden Geist miteinander gemein haben, so ist es wohl keine Frage mehr, ob ein solcher Künstler wirklich ein wahres großes Kunst-Genie gewesen sei oder nicht. Die fruchtbarste Einbildungskraft, der unerschöpflichste Erfindungsgeist, die feinste und schärfste Beurteilung in der für jeden Zweck schicklichen Anwendung des aus der Einbildungskraft strömenden Gedankenreichtums, der gebildetste Geschmack, der auch nicht einen einzigen willkürlichen, oder nur dem Geist des Ganzen nicht genug angehörigen Ton ertragen kann, die größte Gewandtheit im zweckmäßigen Gebrauch der feinsten und scharfsinnigsten Kunstmittel, und endlich der höchste Grad von Geschicklichkeit in der Ausführung, lauter Eigenschaften, bei welchen nicht nur eine, sondern alle Kräfte der Seele in ihrer innigsten Vereinigung wirksam sein müssen; dies müssen Merkmale eines wahren Genies sein, oder es gibt keine, und wenn jemand diese Merkmale in den Bachischen Werken nicht finden kann, so kennt er sie entweder nicht oder nicht genug. Wer sie nicht kennt, kann unmöglich weder über sie, noch über das Genie ihres Urhebers eine Stimme haben, und wer sie nicht genug kennt, der beherzige, daß Kunstwerke, je größer und vollendeter sie sind, desto anhaltenderes Studium erfordern, wenn aller Wert erkannt werden soll, der in ihnen liegt. Jener Schmetterlingsgeist, der unaufhörlich von Blume zu Blume flattert, ohne auf irgend einer zu verweilen, kann hier nichts ausrichten.

Aber mit allen den schönen und großen Anlagen, welche Bach von der Natur erhielt, würde er doch der ollendete Künstler nicht geworden sein, wenn er nicht rühe manche Klippen vermeiden gelernt hätte, woran so viele vielleicht ebenso reichlich mit Genie begabte Künstler zu scheitern pflegen. Ich will hierüber dem Leser noch einige zerstreute Bemerkungen mitteilen, und sodann mit einigen zur Charakteristik des Bachischen Genies gehörigen Zügen diesen Aufsatz beschließen.

Das größte Genie, mit dem unwiderstehlichsten Trieb zu einer Kunst, ist seiner ursprünglichen Natur nach nie mehr als Anlage, oder ein fruchtbarer Boden, auf welchem eine Kunst nur dann recht gedeihen kann, wenn er mit unermüdeter Sorgfalt bearbeitet wird. Fleiß, von dem eigentlich erst alle Kunst und Wissenschaft herkommt, ist hierzu eine der ersten und unerläßlichsten Bedingungen. Durch ihn wird das Genie nicht nur der mechanischen Kunstmittel mächtig, sondern er reizt auch nach und nach die Urteilskraft und das Nachdenken auf, an allem, was er hervorbringt, teilzunehmen. Allein, die Leichtigkeit, mit welcher das Genie sich mancher Kunsmittel zu bemächtigen weiß, und das eigene sowohl als das Wohlgefallen anderer an den ersten Kunstversuchen, die gewöhnlich viel zu frühe für wohlgeraten gehalten werden, verleitet es sehr häufig, über die ersten Grundsätze der Kunst wegzuspringen, Schwierigkeiten zu wagen, ehe das Leichtere völlig gefaßt ist, oder zu fliegen, ehe ihm die Flügel genug gewachsen sind. Wenn nun ein solches Genie in dieser Periode entweder durch guten Rat und Unterricht, oder durch aufmerksames Studium schon vorhandener klassischer Kunstwerke nicht wieder zurückgeführt wird, um das, was übersprungen worden ist, nachzuholen, so wird es seine besten Kräfte unnütz verschwenden, und sich nie zu einer würdigen Kunststufe emporschwingen können. Denn es bleibt ausgemacht, daß man nie große Fortschritte machen, nie die höchstmögliche Vollkommenheit erreichen kann, wenn man die ersten Grundsätze vernachlässigt; daß man nie Schwierigkeiten überwinden lernt, wenn man das Leichtere nicht überwunden hat, und daß man endlich nie durch eigene Erfahrungen groß werden wird, wenn man nicht vorher die Kenntnisse und Erfahrungen anderer benutzt hat.

An solchen Klippen scheiterte *Bach* nicht. Sein feuriges Genie hatte einen ebenso feurigen Fleiß zur Folge, der ihn unaufhörlich antrieb, da, wo er mit eigenen Kräften noch nicht durchzukommen wußte, Hilfe bei den zu seiner Zeit vorhandenen Mustern zu suchen. Anfänglich leisteten ihm die Vivaldischen Violinkonzerte diese Hilfe, nachher wurden die Werke der damaligen besten Clavier- und Orgelkomponisten seine Ratgeber. Nichts ist aber fähiger das Nachdenken eines angehenden Komponisten zu erwecken, als die contrapunktischen Künste. Da nun die Komponisten der letztgenannten Werke sämtlich starke Fugisten nach ihrer Art waren, die die contrapunktischen Künste wenigstens mechanisch in ihrer Gewalt hatten, so schärfte das fleißige Studium und Nachahmen derselben seinen Verstand, seine Urteilskraft und sein Nachdenken nach und nach so, daß er bald bemerkte, wo er Lücken gelassen und etwas nachzuholen hatte, um sodann in seiner Kunst mit Sicherheit desto größere Fortschritte machen zu können.

Eine zweite Klippe, woran manches schöne, noch nicht genug ausgebildete Genie scheitert, ist öffentlicher Beifall. Wenn wir diesen öffentlichen Beifall auch nicht so tief heruntersetzen wollen, wie jener Grieche, der zu seinem Schüler, welcher im Theater mit Beifall gespielt hatte, sagte: Du hast schlecht gespielt: denn sonst würde dich das Publikum nicht beklatscht haben; so ist doch nicht zu leugnen, daß die meisten Künstler durch ihn auf Irrwege geführt werden, besonders wenn er ihnen zu frühe, das heißt: ehe sie gehörige Überlegung und Selbstkenntnis erlangt haben, zuteil wird. Das Publikum will alles menschlich haben, und der wahre Künstler soll doch eigentlich alles göttlich machen. Wie sollte also Beifall der Menge und wahre Kunst nebeneinander bestehen können? Diesen Beifall der Menge suchte *Bach* nie. Er dachte wie Schiller:

> Kannst du nicht allen gefallen durch deine Tat und
>   dein Kunstwerk,
> Mach' es wenigen recht, vielen gefallen ist schlimm.

Er arbeitete für sich, wie jedes wahre Kunstgenie; er erfüllte seinen eigenen Wunsch, befriedigte seinen eigenen Geschmack, wählte seine Gegenstände nach seiner eigenen Meinung, und war endlich auch mit seinem eigenen Beifall am zufriedensten. Der Beifall der Kenner konnte ihm sodann nicht entgehen und ist ihm nie entgangen. Wie könnte auch auf andere Art ein wahres Kunstwerk zustandegebracht werden? Derjenige Künstler, welcher sich bei seinen Arbeiten darauf einläßt, sie so einzurichten, wie es diese oder jene Klasse von Liebhabern wünscht, hat entweder kein Kunstgenie, oder er mißbraucht es. Sich nach dem herrschenden Geschmack der Menge zu richten, erfordert höchstens einige Gewandtheit in einer sehr einseitigen Behandlungsart der Töne. Künstler dieser Art sind dem Handwerksmanne zu vergleichen, der seine Arbeiten ebenfalls so einrichten muß, daß seine Kunden sie gebrauchen können. *Bach* ließ sich nie auf solche Bedingungen ein. Er meinte, der Künstler könne wohl das Publikum, aber das Publikum nicht den Künstler bilden. Wenn er von jemand um ein recht leichtes Clavierstück gebeten wurde, welches oft geschah, pflegte er zu sagen: ich will sehen, was ich kann. Er wählte in solchen Fällen gewöhnlich ein leichtes Thema, fand aber bei der Bearbeitung immer so viel

96

gründliches darüber zu sagen, daß das Stück dennoch nicht leicht werden konnte. Wenn nun hernach geklagt wurde, daß es doch zu schwer sei, lächelte er und sagte: Üben Sie es nur recht fleißig, so wird es schon gehen; Sie haben ja fünf ebenso gesunde Finger an jeder Hand wie ich. War dies Eigensinn? Nein, es war wahrer Kunstgeist.

Dieser wahre Kunstgeist ist es eben, der ihn zum Großen und Erhabenen, als dem höchsten Ziel der Kunst führte. Ihm haben wir es zu verdanken, daß *Bachs* Werke nicht bloß gefallen und ergötzen, wie das bloß Schöne und Angenehme in der Kunst, sondern daß sie uns unwiderstehlich mit sich fortreißen; daß sie uns nicht bloß einen Augenblick überraschen, sondern in ihren Wirkungen immer stärker werden, je öfter wir sie hören und je näher wir sie kennenlernen; daß der in ihnen aufgehäufte ungeheure Gedankenreichtum auch nach tausendmaliger Betrachtung uns noch immer etwas Neues übrig läßt, das unsere Bewunderung und oft unser Staunen erregt; daß endlich selbst der Nichtkenner, der nichts weiter als das musikalische Alphabet kennt, sich kaum der Bewunderung erwehren kann, wenn sie ihm gut vorgetragen werden, und wenn er ihnen Ohr und Herz ohne Vorurteil öffnet.

Noch mehr. Diesem wahren Kunstgeist muß es verdankt werden, daß Bach mit seinem großen und erhabenen Kunststil auch die feinste Zierlichkeit und höchste Genauigkeit der einzelnen Teile, woraus die große Masse zusammengesetzt ist, verband, die man sonst hier nicht für so notwendig hält, als in Werken, bei welchen es bloß

auf Schönheit abgesehen ist; daß er glaubte, das große
Ganze könne nicht vollkommen werden, wenn den
einzelnen Teilen desselben irgend etwas an der höchsten
Genauigkeit fehle; und daß endlich, wenn er, ungeachtet
der Hauptrichtung seines Genies zum Großen und Erhabenen, dennoch bisweilen munter und sogar scherzend
setzte und spielte, seine Fröhlichkeit und sein Scherz
die Fröhlichkeit und der Scherz eines Weisen war.

Nur durch diese Vereinigung des größten Genies mit
dem unermüdetsten Studium vermochte *Joh. Seb. Bach*
das Gebiet der Kunst überall, wohin er sich wandte, so
ansehnlich zu erweitern, daß seine Nachkommen nicht
einmal imstande waren, dieses erweiterte Gebiet in
seiner ganzen Ausdehnung zu behaupten; nur dadurch
konnte er so zahlreiche und vollendete Kunstwerke hervorbringen, die sämtlich wahre Ideale und unvergäng-
liche Muster der Kunst sind und ewig bleiben werden.

Und dieser Mann – der größte musikalische Dichter
und der größte musikalische Deklamator, den es je gegeben hat, und den es wahrscheinlich je geben wird –
war ein Deutscher. Sei stolz auf ihn, Vaterland; sei auf
ihn stolz, aber, sei auch seiner wert!

ANMERKUNGEN

I.

(S. 15) *Veit Bach* (gest. am 8. März 1619), den Sebastian selbst als den Ahnherrn seines Geschlechts bezeichnet, stammte nicht etwa aus Ungarn, wie man lange meinte, sondern war aus seiner thüringischen Heimat und wahrscheinlich aus Wechmar selbst dorthin ausgewandert und kehrte dann, infolge der grausamen Gegenreformation in Ungarn unter der Regierung des halb wahnsinnigen Rudolfs II., nach Wechmar zurück. Die «*Cyther*» oder, wie Sebastian sagt, das «Cithringen», das Veit Bach zu spielen liebte, war eine der heutigen Guitarre ähnliche Zither, die Veit wohl schon auf seine Wanderschaft mitgenommen hatte. Unter den zwei oder drei Söhnen des Veit Bach wurde *Hans Bach* (gest. 26. Dezember 1626) der Urgroßvater von Sebastian und war der erste direkte Vorfahre, der von der Musik als Spielmann lebte.

(S. 16) Von den drei Söhnen, die Hans Bach überlebten, wurde der mittlere Sebastians Großvater: *Christoph* geb. am 19. April 1613 in Wechmar, gest. am 12. September 1661 in Arnstadt). Er war «fürstlicher Bedienter» und damit Mitglied der Kapelle am Hofe Herzogs Wilhelm von Weimar; später kam er nach Erfurt unter die Stadtmusikanten. *Johann Christoph* (1642–1703), der Eisenacher Organist, und *Johann Michael* (1648–1694), der Organist von Gehren, waren Söhne des Arnstädter Organisten Heinrich (1615–1692) und durch ihren Groß-

vater Hans den Spielmann mit Sebastian als Vettern verwandt, während *Johann Bernhard* (1676–1749), Organist
und Musiker zu Eisenach, bereits wie Sebastian ein Ur-
enkel des Wechmarer Hans Bach war.

II.

(S. 20) *Johann Ambrosius* wurde am 22. Februar 1645 in
Erfurt geboren, wo er das Geigen- und Bratschenspiel
erlernte, das er auf seinen Sohn Sebastian vererbte. Am
8. April 1668 heiratete er *Elisabeth Lämmerhirt*, die Tochter eines Ratsherrn und Kürschners. Im Oktober 1671
wurde er als Hof- und Stadtmusikus nach Eisenach berufen.

(S. 20) *Johann Christoph* (1671–1721), der älteste Bruder Sebastians, war gewiß nicht so hartherzig, wie man
aus der von Forkel berichteten Anekdote schließen
könnte. Es waren wohl eher pädagogische Gründe, wes-
halb er dem kleinen Sebastian das Manuskript mit den
schweren Stücken verweigerte. Im übrigen aber beleuch-
tet die Anekdote recht anmutig den riesigen Fleiß und
den unbändigen Wissensdurst des jungen Sebastian. Sie
zeigt auch, wie man damals durch Abschreiben seine
Literaturkenntnis erwerben mußte: *Froberger, Kerl, Pachelbel,* die großen Meister des Klaviers und der Orgel
aus der vorausgehenden Generation, waren Bachs erste
Vorbilder, die Werke seiner Zeitgenossen *Fischer, Buxtehude, Bruhns* und *Böhm* können in dem Heft noch nicht
vertreten gewesen sein; Forkel nimmt hier voraus, was
Bach erst später auf seinen Kunstreisen kennenlernte.

(S. 21) Als Sebastian am 15. März 1700 Ohrdruf verließ, um nach Lüneburg zu wandern, war er nicht «aufs neue verwaist», denn sein Bruder starb erst einundzwanzig Jahre später. Es müssen andere Gründe gewesen sein, die ihn nach Lüneburg zogen. Sein Bruder hatte ihn nicht nur das Klavierspielen gelehrt, sondern sicher auch in die Komposition eingeführt und ihm seine Orgel zur Verfügung gestellt. Johann Christoph war ein Schüler Pachelbels und mit seiner Orgelkunst muß er auf Sebastian bestimmend eingewirkt haben. Jedenfalls fühlte Sebastian sich schon in Ohrdruf zum Höchsten und Heiligsten, dem Dienste Gottes, hingezogen, und in Lüneburg, wo der berühmte Organist *Georg Böhm* wirkte, hoffte er sich in seinem Beruf vervollkommnen zu können. Wie Schubert und Haydn, so begann auch Sebastian seine Laufbahn als Chorknabe. Das Register des Mettenchors der Michaelisschule von 1700 nennt ihn als Sopranisten. Da der Fünfzehnjährige aber bald den Stimmbruch durchmachte, kann er dem Chor nicht lange angehört haben, doch verblieb er weiterhin, vielleicht als Chorpräfekt oder in einer andern musikalischen Stellung, an der Schule von Lüneburg. Forkel vergaß Ph. Emanuels Überlieferung, daß Sebastian nach dem Stimmwechsel sein Leben lang über «eine gute durchdringende Stimme von großer Weite» und über eine «gute Singart» verfügte. *Johann Adam Reinken* (1623–1722), der Lehrer Georg Böhms, den Bach in Lüneburg kennenlernte, war ein Schüler Heinrich Scheidemanns und wirkte von 1663 bis zu seinem Tode an der Hamburger Katherinenkirche als ein Hauptrepräsentant der berühmten norddeutschen

Orgelkunst. In seinem rastlosen Erkenntnisdrang suchte Sebastian aber nicht nur die hohen Traditionen Hamburgs auf, sondern bemühte sich ebensosehr, im nahen Celle den französischen Geschmack kennen und beherrschen zu lernen. In Celle hielt sich Herzog Georg Wilhelm eine italienische Operntruppe und eine vorwiegend mit Franzosen besetzte Hofkapelle, zu deren Konzerten sich Sebastian Eintritt zu verschaffen wußte. Hier lernte Sebastian französische Musik und Instrumentaltechnik kennen und machte sich vor allem mit den in deutschen Landen noch unbekannten «Manieren», den eleganten Verzierungen der Franzosen, vertraut. Eifrig kopierte Sebastian für sich die Kompositionen eines *Nicolas de Grigny*, *Charles Dieupart*, und seine späteren Klavier- und Instrumentalkompositionen verraten zur Genüge seine Vertrautheit mit den Werken von *Louis Marchand*, *André Raison*, *Gaspard le Roux* und noch 1725 trug er ein Rondo *Couperins* in das Notenbuch seiner Frau ein. Sebastian blieb bis etwa im August 1702 in Lüneburg; am 8. April 1703 wird er aufgeführt im Haushalt des Herzogs Johann Ernst von Sachsen-Weimar, der ein kleines Kammerorchester unterhielt, in welchem Sebastian als Geiger oder Bratschist mitwirkte. Da er aber im Arnstädter Konsistorial-Protokoll vom 13. Juli 1703 als «fürstl. Sächs. Hof-Organisten zu Weimar» genannt wird, darf man annehmen, dass er auch damals der Orgel nicht entsagte. Zu den «damaligen berühmten» Organisten und Komponisten, die Sebastian studierte, rechnete Ph. Emanuel ausser *Frescobaldi* und einigen französischen Meistern die älteren Zeitgenossen *Fischer, Strunck, Buxtehude, Rein-*

ken, *Bruhns* und *Böhm*. Die Zeit seiner Reise nach Lübeck (Oktober 1705) hatte Sebastian so gewählt, daß er die berühmten «Abendmusiken» besuchen konnte, die Buxtehude im Winter in der Marienkirche veranstaltete, und hier lernte er die Bedeutung einer guten Kirchenmusik kennen. *Dietrich Buxtehude* (1637–1707), seit 1668 Organist an der Lübecker Marienkirche, übte mit seiner phantasievollen, harmonisch kühnen und «romantischen» Kunst auf Sebastian einen starken Einfluß aus.

(S. 23) *Wilhelm Ernst*, regierender Herzog von Sachsen-Weimar, war der Bruder Herzogs Johann Ernst, in dessen Orchester Sebastian 1703 tätig war. Man weiß nicht genau, was für Pflichten Sebastian in Weimar übernahm. Er selbst spricht 1708 von einer Berufung in die «Hof Capelle und Cammer Music», das heißt von seiner Aufnahme in die große Kapelle des Herzogs und in die kleine auserwählte Schar von Streichern, die in den herzoglichen Privatgemächern musizierten. Im gleichen Jahr trägt er sich in die Genealogie ein als «Cammer und Hoforganist in Weimar» und 1713 unterzeichnet er als «Fürstl. Sächs. Hoforg. und Camer Musicus». Wahrscheinlich versah er von Anfang an den Posten eines Hoforganisten, und am 2. März 1714 (nicht 1717, wie Forkel angibt) wurde er zum Konzertmeister ernannt, wofür er in der Schloßkapelle «monatlich neue Stücke aufzuführen schuldig» war. Seine Berufung als Nachfolger *Zachaus* in Halle erfolgte in einem Schreiben vom 14. Dezember 1713, das Sebastian erst am 14. Januar

1714, ohne sich zu entscheiden, beantwortete. Die Sache
zog sich in die Länge, bis Sebastian schließlich eine Absage erteilte, worauf man ihm vorwarf, er habe nur seine
Stellung in Weimar verbessern wollen, was tatsächlich
der Fall war. Der Wettstreit mit Marchand fand etwa im
September 1717 statt. *Louis Marchand* (1669–1732) hatte
seit 1708 den Posten eines Hoforganisten in Versailles
bekleidet und war dort vor kurzem in Ungnade gefallen
wegen einer anmaßenden Bemerkung, die er sich gegen
den König erlaubte. Er war einer der berühmtesten Orgel-
und Klavierspieler seiner Zeit und wurde von Sebastian
als Komponist geschätzt. Ob der berühmte Wettstreit
am Hofe Augusts des Starken in Dresden wirklich so
dramatisch verlief, wie ihn Forkel, einer Überlieferung
der Bachschen Familie folgend, berichtet, ist nicht ganz
sicher, denn F. W. Marpurg erzählt in seiner «Legende
einiger Musikheiligen» (1785), daß Bach mit königlicher
Genehmigung bei einem der Vorträge Marchands an-
wesend war und sich, nachdem Marchand geendet hatte,
ans Klavier setzte und über das Thema des Franzosen
improvisierte. Jedenfalls aber hatte Sebastian in einem
Kreise, wo man bisher die Bedeutung eines deutschen
Musikers nicht beachten mochte, ganz eindeutig einen
Triumph gefeiert.

(S. 25) Sebastian Bach hatte schon am 5. August 1717
seine Ernennung zum Kapellmeister am Hofe des Fürsten
Leopold von Anhalt-Köthen erhalten. Herzog Wilhelm
Ernst hatte ihn bei der Besetzung der Kapellmeisterstelle
übergangen und außerdem wurde ihm durch fürstliche

Familienstreitigkeiten das Leben in Weimar schwer gemacht. Seine Entlassung aus dem herzoglichen Dienste mußte er sich jedoch ertrotzen. Hofsekretär Th. B. Bormann berichtet darüber in lakonischer Kürze: «6. November ist der bisherige Concertmeister und Organist Bach wegen seiner halsstarrigen Bezeugung von zu erzwingender Dimission auf der Landrichterstube arretirt und endlich den 2. Dezember darauf mit angezeigter ungnädiger Dimission des Arrestes befreyet worden.» In seinen Weimarer Jahren hatte sich Sebastian zum ersten Orgelspieler seiner Epoche emporgearbeitet. In *Köthen* stand ihm nurmehr eine mittelmäßige Orgel zur Verfügung, und auch der dort geübte protestantische Gottesdienst bot ihm keinerlei künstlerische Aufgaben. Seine Tätigkeit war ausschließlich auf die etwa achtzehn Mitglieder zählende Hofkapelle des Fürsten beschränkt, die Sebastian nicht nur leitete, sondern auch mit einer Reihe von Kammermusikwerken, Sonaten, Konzerten und Orchestersuiten versah. Trotz dieser schönen und voll anerkannten Wirksamkeit mag Sebastian seine fünf Köthener Jahre doch als ein Abweichen von seiner eigentlichen Berufung empfunden haben, denn er ergriff die erste Gelegenheit, sich wieder um das Amt eines Organisten zu bewerben. Am 21. November 1720 wurde in *Hamburg* beschlossen, Sebastian Bach mit sieben andern Organisten zum Probespiel aufzufordern für die Nachfolge des am 12. September 1720 verstorbenen Heinrich Friese, der das Amt eines Organisten und Küsters an der Jakobikirche versehen hatte. In diesem Zusammenhang reiste Sebastian 1720 (nicht wie Forkel angibt um 1722) nach

Hamburg und ließ sich vor Reinken hören. Den Posten schlug Sebastian aus, da er nicht bereit war, die verlangte Summe von 4000 Mark als Zeichen seiner «Erkäntlichkeit» zu entrichten. Erdmann Neumeister, der Pastor der Jakobikirche, war darüber bitter enttäuscht und bemerkte in einer Predigt: «er glaube ganz gewiß, wenn auch einer von den bethlehemitischen Engeln vom Himmel käme, der göttlich spielte und wollte Organist zu St. Jakobi werden, hätte aber kein Geld, so möchte er nur wieder davon fliegen.» *Johann Kuhnau*, der Leipziger Thomaskantor, war am 5. Juni 1722 gestorben. Als Nachfolger wählte der Rat den berühmten Georg Philipp Telemann, der jedoch nie ernstlich beabsichtigte, nach Leipzig überzusiedeln, sondern nur seine Position in Hamburg stärken wollte. Nach Telemanns Absage bemühte sich auch Sebastian um das Amt, der Rat zog ihm aber den damals ebenfalls sehr bekannten Darmstädter Kapellmeister Christoph Graupner vor, und erst als Graupner von seinem Brotherrn, dem Landgrafen Ernst Ludwig von Hessen, nicht freigegeben wurde, erhielt Sebastian in der Ratssitzung vom 22. April 1723 die Stelle zugesprochen. In Sebastian hatte der Rat von Leipzig sich keinen bequemen Kantor erwählt. Seine ihm von Gott verliehene Aufgabe, «eine regulierte Kirchenmusik zu Gottes Ehren» einzurichten und aufzuführen, setzte ihn dem Widerstand einer ganzen Stadt aus und brachte ihn oft in schwere Konflikte mit dem Rat und dem Rektor der Schule. Erst nach vielen Jahren sah Sebastian das Aussichtslose seines Kampfes ein und nun wandte er sich ganz seinem eigentlichen Berufe, seinem schöpferischen

Genius zu, dem wir die gewaltigen Werke seiner Spätzeit verdanken.

(S. 27) Sebastian unternahm im Frühling 1747 die Reise nach *Berlin*, um seine Schwiegertochter Johanne Maria Dannemann und seinen ersten Enkel Johann August kennenzulernen. Auf der Reise gesellte sich Wilhelm Friedemann in Halle zu ihm. Am 7. Mai 1747 traf Sebastian in *Potsdam* ein und wurde dem König gemeldet. Die näheren Umstände des Besuchs berichtet Forkel nach den nicht ganz zuverlässigen Mitteilungen W. Friedemanns. Am 8. Mai veranstaltete Sebastian ein Orgelkonzert in der Potsdamer Garnisonskirche und am Abend wurde er wieder ins Schloß befohlen.

(S. 28) *Gottfried Silbermann* (1683-1753), das bekannteste Mitglied der berühmten Orgelbauerfamilie, darf für sich den Ruhm beanspruchen, einer der Miterfinder des Pianofortes zu sein und als einer der ersten brauchbare Hammerklaviere gebaut zu haben.

(S. 29) Der englische «Ophtalmiater» – wie er sich selber nannte – der Sebastians Augen untersuchte und operierte, war Chevalier John Taylor, der auch Händel behandelte. Am 31. Juli 1750 wurde Sebastian auf dem Johannisfriedhof, jenseits der östlichen Stadtmauer, beigesetzt. Er war in erster Ehe mit Maria Barbara Bach (1684-1707), in zweiter Ehe mit Anna Magdalena Wilcken (1701-1760) verheiratet. Von seinen Söhnen haben sich als Musiker einen Namen gemacht: Wilhelm Friedemann (1710-1784), Carl Philipp Emanuel (1714-1788), Johann Christoph Friedrich (1732-1795) und Johann Christian (1735-1782).

III.

Forkel ist zwar nicht der einzige und auch nicht der erste, der Sebastians Klavierspiel beschrieben hat, aber er tat es am ausführlichsten und auch am gründlichsten. Die Bemerkungen in C. Ph. Emanuel Bachs «Versuch über die wahre Art, das Clavier zu spielen» (1753 und 1762) und in J. J. Quantz' «Versuch einer Anweisung, die Flöte traversiere zu spielen» (1752) ergeben *zusammen* mit Forkels Ausführungen das richtige Bild von Sebastians Klaviertechnik. Die scheinbaren Widersprüche zwischen den drei Berichten habe ich in meinem Buche «Beiträge zu einer Anleitung Clavichord und Cembalo zu spielen» (1934) aufzuklären versucht und nachgewiesen, daß Sebastians Anschlag, wie er übereinstimmend von Ph. Emanuel, Quantz und Forkel überliefert wird, sowohl auf dem Clavichord als auf dem Cembalo seinen genialen Sinn hat, wie es nicht anders zu erwarten ist von dem wunderbaren Scharfsinn, den Sebastian in allen technischen Fragen der Musik bewies. Sebastian bediente sich des Clavichords und des Cembalos. Die Erfindung des Hammerklaviers hat er noch miterlebt, daß er aber das neue Instrument nicht in Gebrauch nahm, ist für seine Kunst bezeichnend; nichts steht der wahren Erkenntnis seiner Klavierwerke so im Weg, als der

dumpfe und massive Klang unseres Klaviers. Gewiss
kann man Bach auch auf einem Konzertflügel vortrefflich spielen. Jeder moderne Pianist sollte aber einmal
sein Bachspiel auf Clavichord und Cembalo nachprüfen.
Manchem würde dabei eine völlig neue Welt aufgehen,
denn Klang und Ausdruck der beiden alten Klavier-
instrumente sind von unserem Pianoforte grundver-
schieden.

Clavichord oder Cembalo?, so lautete die Frage, die
zu Beginn unseres Jahrhunderts von den Bachforschern
heftig diskutiert worden ist. Dabei wurde Forkels Bericht
unter die Lupe genommen und verschiedentlich ange-
zweifelt. Forkel nahm nämlich — wohl unter Ph. Emanuels Einfluß – als selbstverständlich an, daß Sebastian,
wie alle Welt, sich vorwiegend des Clavichords bediente,
während aus den Akten hervorgeht, daß Sebastian zwar
eine ganze Anzahl Cembali, aber nicht ein einziges
Clavichord hinterlassen hat. Der Streit um diese Frage
entbrannte zu einer Zeit, in der das Cembalospiel eben
wieder aufkam. Heute, da auch das Clavichordspiel
wieder blüht, ist die Antwort leicht zu finden: nur Clavichord und Cembalo *zusammen* ergeben die ganze Klangwelt, in der Sebastian lebte und schuf. Es ist eine an
feinen Nuancen ungeheuer reiche Klangwelt, die von
diesen beiden Instrumententypen umspannt wird, und
in unserem Klavier lebt nur noch ein Schatten dieser
Klangwelt in arg vergröberter Zusammenfassung weiter.
Das Clavichord besitzt die denkbar einfachste Mechanik
und bietet daher unter allen Klavierinstrumenten seinem
Spieler die unmittelbarste Ausdrucksmöglichkeit. Auf

dem hinteren Ende der Taste steht ein spachtelförmiges
Metallstückchen, das, gegen die Saite gedrückt, den Ton
anschlägt. Der Klang des Clavichords ist schwach aber
sehr schön und aller Nuancen fähig. Das Clavichord ist
gleichsam ein Streichquartett en miniature, es war das
Fundament zum Spiel aller Tasteninstrumente und seine
einfache und billige Herstellung machte es zum allgemein verbreiteten Hausinstrument. Die Konstruktion
des Cembalos ist viel komplizierter. Es ist ein Zupf-
instrument, denn seine Saiten werden von Federkielen
angerissen, die in kleinen Holzstückchen, den sog.
Docken, stecken, und diese werden von den Tasten auf
und ab bewegt. Der Klang des Cembalos ist strahlend
hell und verhältnismäßig weittragend, aber keiner Nuancen fähig. Verschiedene Stärkegrade werden erzielt
durch den Einbau mehrerer Dockenreihen, die wie die
Register einer Orgel kombiniert werden können. Um
möglichst viele Register-Kombinationen zu ermöglichen,
wird das Cembalo auch mit zwei Manualen ausgestattet.
Sebastian soll ein solches Instrument besessen haben,
das heute in der Staatlichen Musikinstrumentensamm-
lung in Berlin gezeigt wird.

(S. 35) Forkels Bericht über Sebastians *Fingersatz* zeigt
so recht, wie Sebastian alles aufgriff, was einen Fortschritt der Musik bewirken konnte. Wenn Forkel vom
Clavier spricht, meint er nach damaligem Brauch stets
das Clavichord. Dieses hatte von alters her die Eigen-
tümlichkeit, daß zwei oder drei nebeneinanderliegende
Tasten ihre Töne an verschiedenen Stellen ein und der-

selben Saite anschlugen und also an eine Saite «gebunden» waren. Zu Sebastians Zeiten wurden die Clavichorde schon ziemlich, wenn nicht sogar ganz «bundfrei» gebaut. Diese Situation rief nach der von Andreas Werckmeister schon 1691 vorgeschlagenen, gleichschwebenden oder «wohltemperierten» Stimmung, welche das Spielen in allen Tonarten ermöglichte. Für Sebastian ist es bezeichnend, daß er die neue Stimmung praktisch mit den Kompositionen seines «Wohltemperierten Klaviers» propagierte, und Forkel erläutert, wie Sebastian die Voraussetzung zum Spiel dieser Stücke: einen den Daumen konsequent benutzenden Fingersatz, erfand. Wenn Forkel dabei Bachs älteren Zeitgenossen *François Couperin* herabzusetzen versucht, so ist das auf das Konto seines «Patriotismus» zu buchen. Couperins 1717 erschienene «L'art de toucher le clavecin» ist seit dem 16. Jahrhundert die erste Abhandlung über das Klavierspiel, die in erster Linie für die Spieler von Couperins Cembalokompositionen gedacht war. Wenn Sebastian ein Exemplar dieses Buches in die Hände gelangt ist, so hat er es gewiß gründlich studiert, denn ihm lag nichts ferner, als von anderen nichts lernen zu wollen, und so muß auch Forkel – widerwillig genug – zugeben, daß Sebastian die Kompositionen des großen Franzosen kannte und schätzte. Im übrigen werden Forkels Ausführungen über Sebastians Fingersatz bestätigt durch die Fingersätze in dem erhaltenen Clavierbüchlein Friedemann Bachs.

(S. 38) Es war *Johann Gottfried Walther* (1684–1748), Organist an der Weimarer Stadtkirche, der Sebastian diese Niederlage bereitete. – Wenn Forkel sagt, Sebastian habe für die Ausführung des Generalbasses sich «zweier Claviere und des Pedals, oder eines mit einem Pedal versehenen Doppelflügels» bedient, so kann es sich in beiden Fällen natürlich nur um ein zweimanualiges Instrument mit untergelegtem, klingendem Pedal handeln, wie sie damals bei Organisten zu Hause anzutreffen waren. Unter *Flügel* versteht Forkel stets das Cembalo, bei den «zwei Clavieren» kann es sich um zwei aufeinandergelegte Clavichorde mit angehängten Pedaltasten handeln. Ein solches Instrument aus dem Jahre 1760 hat sich in der ehemaligen Sammlung Wilhelm Heyer in Köln (Kat. Nr. 23) erhalten.

(S. 40) Das «gewöhnlich sehr lebhafte» *Tempo*, in welchem Sebastian nach Forkel seine Stücke gewöhnlich spielte, ist ein relativer Begriff. Das rasende Tempo, das von gewissen Spielern auf unserem Klavier und auch auf dem modernen Cembalo angeschlagen wird, war auf den Instrumenten der Bachzeit unausführbar. Mit Recht sagt Albert Schweitzer über das Tempo in den Bachschen Klavierwerken: «Je besser jemand Bach spielt, desto langsamer darf er, je schlechter, desto schneller muß er es nehmen. Gut spielen heißt in allen Stimmen bis ins Detail phrasieren und akzentuieren. Damit sind der Schnelligkeit technische Grenzen gesetzt.»

IV.

(S. 41) Forkel wußte noch etwas, das wir heute nicht mehr so wissen: Forkel wußte, daß das Großartigste, das Vollkommenste an Musik nicht in Noten niedergeschrieben, sondern nur im freien Spiel, im *Fantasieren* auf einem Instrument hervorgebracht werden kann. Schon in seinen Bemerkungen über Sebastians Klavierspiel deutet er das an, in klaren Worten aber sagt er es bei Sebastians Orgelspiel. Forkel schloß dabei von Friedemann auf Sebastian, wie er sich überhaupt in seinen Ausführungen über das Orgelspiel Sebastians auf Friedemanns Informationen stützte.

(S. 42) Wenn Forkel sagt, die der Orgel «angemessenen Sätze müssen also feierlich langsam sein», so ist das wieder ein relativer Tempobegriff, denn feierlich und langsam gehören bei Sebastian längst nicht immer zusammen. – Die sogenannten *Kirchentonarten* verwendete Sebastian nicht, wie es Forkel vorkam, zu «fremdartigen, ungewöhnlichen Modulationen». Er stand in der Entwicklung genau auf der Scheide von altem und neuem Empfinden der Tonarten: er brauchte noch die alten Kirchentöne, verwendete sie aber bereits im Sinne unserer Klanggeschlechter Dur und Moll. Die ihm unmittelbar nachfolgende Generation der Frühklassiker empfand die Kirchentöne schon als archaisch, «fremdartig», wie Forkel sagt.

(S. 43) Die «*geteilte Harmonie*» ist nichts anderes als der gute Chorsatz, wie er in der Harmonielehre im Kapitel des mehrstimmigen Satzes gelehrt wird, während die andere Schreibweise als Klaviersatz gelten mag, wie er eben damals von Klavierspielern auf der Orgel schlechterdings angewendet wurde, woraus deutlich hervorgeht, wie sehr die große Orgelkunst des 17. Jahrhunderts zu Forkels Zeit bereits in Verfall geraten war. – Aus Jakob Adlungs «Musica Mechanica Organoedi» (1768) weiß man, daß Sebastian eine Vorliebe für gute *Rohrwerke* (Zungenstimmen) besaß, deren ihm auf einer Orgel nicht leicht zuviel sein konnten. Das weist deutlich auf die Tradition des 17. Jahrhunderts, das eine scharfe klangliche Verschiedenheit der einzelnen Register verlangte, während später ein bis zum Überdruß betriebenes Mischen der Registerfarben Mode wurde. Aus Sebastians Manuskripten erfährt man über seine *Art des Registrierens* so gut wie nichts; in der d-moll-Toccata (Peters III, Nr. 3) findet sich der durchgehende Manualwechsel angemerkt, im Orgelbüchlein ist genau angegeben, welche Stücke auf zwei Manualen zu spielen sind; in den Schüblerschen Choraltrios (Peters VII, Nr. 38, 57, 59, 63) ist vorgeschrieben, ob acht-, vier- oder sechzehnfüßige Register zu ziehen sind. Das ist beinahe alles, und so ist man darauf angewiesen, im Spielen auf einer alten Orgel aus Bachs Zeiten zu erfahren, wie seine Orgelwerke geklungen haben. Leider sind aber fast alle alten Orgeln so oft renoviert, erweitert und «verbessert» worden, bis von ihrem ursprünglichen Klangleib nichts mehr vorhanden war. Das ist besonders tragisch, weil es sich mit der modernen Orgel ähnlich verhält wie mit unserem Klavier: sie ist durchaus nicht das ideale Instrument für eine sinngemäße Wiedergabe der Bachschen Kompositionen. Hierauf hat *Albert Schweitzer* als erster mit Nachdruck hingewiesen. In seinem Bach-Buch schreibt er (S. 272): «Wie verhält es sich nun mit der Ausführung Bachscher Kompositionen auf der modernen Orgel? Gewonnen haben wir die Möglichkeit eines schrankenlosen Registerwechsels, einer allmählichen Steigerung vom Pianissimo zum Fortissimo und einer gewissen Tonschattierung durch den Schwellkasten. Verloren haben wir den alten Klang der Orgel, den Bach voraussetzt. Da aber der Klang die Hauptsache ist, so muß gesagt werden, daß die moderne Orgel zum Bachspiel nicht so tauglich ist, wie man es gewöhnlich rühmen hört. Unsere Register sind alle zu stark oder zu weichlich intoniert. Zieht man die sämtlichen Grundstimmen und Mixturen, oder fügt man gar noch die Rohrwerke hinzu, so erhält man einen Klang, der auf die Dauer geradezu unerträglich wirkt. Die Nebenklaviere sind, mit dem Hauptwerk verglichen, zu schwach; gewöhnlich fehlen darauf die notwendigen Mixturen. Unsere Pedale sind grob und plump und ebenfalls zu arm an Mixturen, nicht minder an vierfüßigen Stimmen. Das liegt einmal an der Veränderung in der Disposition der Orgeln, bei welchen sich das Verhältnis von Grundstimmen und Mixturen völlig zuungunsten der letzteren verschoben hat; sodann aber an dem unnatürlich starken Wind, mit dem die Pfeifen der modernen Orgel gespeist werden. Über dem Streben nach Tonstärke haben wir die Tonschönheit und

den Tonreichtum, der in dem harmonischen Zusammenklingen ideal intonierter Stimmen begründet ist, vergessen.» Schweitzer hat auch den Kampf um eine bach-
gerechtere, was soviel heißt als eine überhaupt qualitativ
bessere Orgel aufgenommen und zusammen mit einigen
Gesinnungsgenossen ein «Internationales Regulativ für
Orgelbau» (1909) ausgearbeitet, das sich seither allgemein durchgesetzt hat. Schweitzer greift darin auf die
Orgeln zurück, wie sie zwischen 1850 und 1880 gebaut
wurden. Eine Rückkehr zur alten Bach-Orgel, wie sie
von deutschen Musikhistorikern verlangt wurde, hält
Schweitzer nicht für wünschenswert, denn diese Orgel
ist «nicht die wahre Orgel, sondern nur ihr Vorläufer.
Es fehlt ihr das Majestätische, das zum Wesen der Orgel
gehört. Die Kunst hat absolute, nicht archaistische Ideale.
Für sie gilt das Wort: ‚Wenn aber kommen wird das
Vollkommene, so wird das Stückwerk aufhören.‘»

(S. 48) *Johann Adolf Scheibe* (geb. 1708 in Leipzig als
Sohn eines von Sebastian hochgeschätzten Orgelbauers,
gest. 1776 in Kopenhagen), hatte sich 1729 um die Or-
ganistenstelle an St. Thomas zu Leipzig beworben, Sebastian ließ ihn aber durchfallen, wofür er sich später als
berühmter Kritiker rächte, mit einer boshaften Bemerkung in der von ihm redigierten Zeitschrift der «Kri-
tische Musikus» (2. April 1739). – Aus der Bemerkung
Forkels über die Prüfung der «guten Lunge» eines Orgel-
werks geht hervor, daß Sebastian seine besondere Aufmerksamkeit den Windladen und dem Gebläse zuwandte.
Adlung überliefert, daß Sebastian des leichten und siche-

ren Klavierwechsels halber verlangte, daß die Manuale
möglichst nahe übereinander lägen. Die Tasten wollte
er kurz und schmal haben, damit er bequem binden
konnte – Legato war ein Merkmal seines Spieles – die
Obertasten sollten nach oben schmal und gut abgerun-
det auslaufen, auch scheint er die alte, enge Pedalmen-
sur bevorzugt und darauf gedrungen zu haben, daß die
Pedalklaviatur in die richtige, natürliche Lage zu den
Manualklaviaturen kam. – *Georg Andreas Sorge* (1703
bis 1778), «gräflich Reuß- und Plauischer Hof- und
Stadtorganist zu Lobenstein», widmete Sebastian, obwohl er nicht sein Schüler war, einige recht unbedeu-
tende Klavierstücke und rühmt in der Zueignung von
dem «Fürsten aller Klavier- und Orgelspieler», daß «die
große musicalische Virtu, so Ew. Hoch Edl. besitzen mit
der vortrefflichen Virtu une ungeheuchelten Liebe des
Nächsten gezieret ist».

V.

Sebastian war nicht der Autodidakt, zu dem ihn Forkel
machen will, jedenfalls nicht in dem Sinn Autodidakt,
wie unsere traditionslose Zeit ihn begreift. In die Komposition wurde der junge Sebastian von seinem Bruder
in Ohrdruf eingeführt, denn damals gehörten Klavier-
und Kompositionsunterricht – mindestens die Einführung in den Generalbaß – zusammen. Das sagt uns Sebastian selbst im Titel seiner für eigene Unterrichts-
zwecke komponierten zwei- und dreistimmigen Inven-

tionen, wo es heißt: «Aufrichtige Anleitung, womit denen Liebhabern des Claviers, besonders aber denen Lehrbegierigen, eine deutliche Art gezeigt wird nicht allein mit zwei Stimmen reine spielen zu lernen, sondern auch bei weiteren Progressen mit dreien obligaten Partien richtig und wohl zu verfahren, anbei auch zugleich gute inventiones nicht allein zu bekommen, sondern auch selbige wohl durchzuführen, am allermeisten aber eine cantable Art im Spielen zu erlangen und darneben einen starken Vorschmack von der Composition zu bekommen.» Damit ist deutlich gesagt, wie man damals vorging. Im übrigen wandte Sebastian aufs eifrigste die heute noch beste Methode an, das Komponieren zu lernen, nämlich das Studium von Werken anderer Komponisten. Das im Zeitalter des teuern und seltenen Notenstichs notwendige Übel des Abschreibens von Musikalien wurde hier zur Tugend und Sebastian wandte dabei gelegentlich eine höchst eigenartige Methode an: kaum hatte er eine ihn interessierende Komposition eines andern einige Takte weit abgeschrieben, so fuhr er selber und meist auch besser im Texte fort, schrieb neue Bässe dazu, fügte neue, interessantere Mittelstimmen ein, ja änderte sogar die Melodie der Oberstimme, wenn es ihm gerade paßte. Die von Forkel erwähnten Transkriptionen der Violinkonzerte *Antonio Vivaldis* (gest. 1743) sind solche Bearbeitungen, die Sebastian freilich wohl weniger um daran zu lernen ausführte, als weil solches «in seiner Art lag und ihm Vergnügen machte». (Schweitzer.) Das Vorgehen erinnert an die festgefügte Tradition der alten Meister der Malerei, die auch, einer vom andern, ganze

Werkpartien übernahmen und in Einzelheiten weiterbildeten. – Im ganzen gibt Forkel die *Lehrzeit* des Komponisten Bach viel zu lang an; die auf Seite 53 ausgesprochene, auf Seite 71 wiederholte Meinung, Sebastian habe erst etwa von 1720, also von seinem fünfunddreißigsten Altersjahr an, wirkliche Meisterwerke geschrieben, ist einer der größten Irrtümer Forkels, in den er nur verfallen konnte, weil er die früheren Kompositionen Sebastians gar nicht kannte. – Sehr schön und treffend legt Forkel dagegen die Elemente der Kompositionsweise Bachs dar.

(S. 52/55) Bachs *Harmonie* ist Polyphonie, eine die Gesetze der Harmonie einbeziehende Mehrstimmigkeit, während die Mehrstimmigkeit der alten Niederländer und der ihnen nachfolgenden Italiener andern als den noch heute gültigen harmonischen Gesetzen folgt. Darum steht unserem harmonisch hörenden Ohr Bach um so viel näher als die großen Niederländer und Italiener und darum gilt uns seine Musik als Abschluß und Vollendung der polyphonen Kunst.

(S. 53) *Johann Philipp Kirnberger* (1721–1783), ein Schüler Sebastians, Hofmusikus der Prinzessin Amalia von Preußen, ließ 1774 den ersten und von 1776–1779 die drei Teile des zweiten Teils seiner «Kunst des reinen Satzes in der Musik» erscheinen.

(S. 57) Sehr fein erläutert Forkel auch die unmerklich vor sich gehende *Modulation*, die bei Sebastian im wahrsten Sinne eine Kunst des Übergangs zu nennen ist.

VI.

Das Phänomen der *Melodie* ist eines der größten Wunder
der Bachschen Kunst. Seine melodische Erfindungsgabe
triumphierte über alle Schwierigkeiten, die ihr die polyphone Schreibweise, die instrumentalen oder vokalen
Bedingtheiten bereiteten. Den Gipfel der Melodik erreichte Sebastian in seinen Solo-Suiten und -Sonaten für
Violine und Violoncello, wie Forkel mit Recht bemerkt. –
Für die nähere Bezeichnung und Datierung der Kompositionen sei ein für allemal auf das Werkverzeichnis am
Schluß der Anmerkungen verwiesen.

(S. 62) *Reinhard Keiser* (oder Kaiser) wurde 1673 geboren und empfing seine wissenschaftliche Ausbildung
auf der Leipziger Thomasschule und Universität. Von
1697 an wirkte er mit riesigem Erfolg an der Hamburger
Oper. Er besaß wirklich Talent und eine reiche, blühende
Erfindung, aber nicht genügend Ernst, um seine Kunst
über die Tagesmode hinaus zu vertiefen. Er starb zu
Hamburg 1739. – Unter den «Singfugen» *Händels* versteht Forkel die großen Oratorien, die dem Meister die
Unsterblichkeit einbrachten, während die Opern Händels, mit ihren Arien, trotz aller Schönheiten der Vergessenheit anheimfielen.

(S. 64/67) Nachdem Forkel seinen Begriff der Harmonie und der Melodie bei Bach erläutert hat, greift
er am Beispiel der Suiten die Gliederung dieser Elemente,
den *Rhythmus* auf, um dann zu einer ganz ausgezeich-

neten Beschreibung der Bachschen *Fuge* auszuholen.
Dieser Abschnitt ist ein Höhepunkt in Forkels Büchlein.

(S. 68) Falsch ist Forkels Meinung, Sebastian habe
erst in Weimar Gelegenheit zu *Vokalkompositionen* gefunden. Sowohl aus seiner Arnstädter als aus seiner Mühl-
hauser Zeit (1704–1707) haben sich Kantaten erhalten,
darunter das unsterbliche Werk des Zwanzigjährigen,
die Kantate « Gottes Zeit » (Nr. 106), auch Actus tragi-
cus geheissen.

(S. 69) Sebastian richtete sich in seinen stets für den
praktischen Gebrauch verfaßten Kirchenkompositionen
freilich nach den ihm jeweils zur Verfügung stehenden
Solo-, Chor- und Instrumentalkräften; wie aber seine
Thomaner Chorknaben z. B. die Arien der Matthäus-
Passion bewältigten, bleibt ein Rätsel. Da Sebastians
Kirchenmusik zu Forkels Lebzeiten nicht mehr gebraucht wurde, hielt sie Forkel für veraltet und verloren.
Die später einsetzende Bach-Renaissance hat sich Forkel
nicht träumen lassen. – In Unkenntnis der meisten Vo-
kalwerke Sebastians verfährt Forkel sehr summarisch
in seinem Urteil. Die « Trauer-Cantate » auf die Kur-
fürstin-Königin Christiane Eberhardine ist die am 17. Oktober 1727 aufgeführte, großartige *Trauer-Ode* auf einen
Text von Gottsched. – Forkel gibt den Bestand des
Chores, der Sebastian zu St. Thomas zur Verfügung
stand, zu hoch an. Im ganzen wurden zu St. Thomas
fünfundfünfzig Alumnen aufgenommen. Davon mußten
aber vier Chöre formiert werden: für St. Thomä, für

St. Nicolai, für die Neue Kirche und für die Peterskirche. Sebastian mußte froh sein, wenn er für seine Kirchenmusik sechzehn Sänger und zwanzig Instrumentalisten zusammenbrachte.

(S. 70) Von den «geselligen» Werken Sebastians hatte Forkel keine Kenntnis; die weltlichen Kantaten, darunter die Bauern-Kantate oder die Kaffee-Kantate, sodann das Lied an die Gattin, das Lied auf die Tabakspfeife, die sich beide im Notenbüchlein der Anna Magdalena Bach finden, und schließlich das Capriccio auf die Abreise des geliebten Bruders, sind Forkel unbekannt geblieben oder, wie die Bauern-Kantate, von ihm nicht beachtet worden.

VII.

Forkel schildert sehr anschaulich, wie Sebastian als Pädagoge eine Methode anwandte, die im wesentlichen heute noch von guten Musiklehrern bei begabten Schülern angewendet wird. Sebastian ging als Praktiker vor, wobei er den Klavierunterricht mit einer Einführung in die ersten Begriffe der Komposition verband.

(S. 74) Im Theorieunterricht ließ er alles Spekulative, wie es den Theoretikern jener Zeit in ihren Lehrwerken anhaftet, beiseite. Seine Schüler mußten sofort an den «reinen vierstimmigen Generalbaß» gehen, das heißt, das Harmonisieren einer gegebenen Melodie nach den Regeln des vierstimmigen Satzes erlernen. Als praktische Übungen verwendete er Choralmelodien, zu denen er anfänglich die Baßstimme, die Grundlage der Harmonie, selber aussetzte.

(S. 75) Die eigentliche Kompositionslehre, den Unterricht im Kontrapunkt oder, wie Forkel sagt, «die Lehre von den Fugen», nahm er nur bei besonders begabten Schülern in Angriff, bei solchen, denen er «die Fähigkeit, musikalisch denken zu können», zutrauen durfte. Dieser ausgewählten Schar muß Sebastian die Kunst des mehrstimmigen Satzes in einer wahrhaft zeitlosen Art und Weise gelehrt haben, denn Forkel überliefert Bachsche Lehrsätze, die ihre Gültigkeit nie verlieren werden.

(S. 77) *Angelo Berardi*, nachgewiesen zwischen 1663 und 1693, Kapellmeister der Basilika Santa Maria in Trastevere, war ein hervorragender Theoretiker, der mehrere Werke im Druck erscheinen ließ. – *Giovanni Maria Bononcini* (1640-1678), Kapellmeister an der Kathedrale von Modena, war ein bedeutender Komponist und Theoretiker. Sein Werk über den Kontrapunkt: «Il pratico Musico», erschien 1673; der zweite Teil desselben kam 1701 in einer deutschen Übersetzung heraus. *Johann Joseph Fux* (1660-1741), Hofkompositeur und Hofkapellmeister des Kaisers in Wien, hinterließ nicht nur eine große Anzahl von Kompositionen, sondern war auch Verfasser eines der berühmtesten Lehrbücher des Kontrapunkts. Sein lateinisch verfaßter «Gradus ad Parnassum» erschien 1725, wurde 1742 von Mizler ins Deutsche übersetzt und gilt gelegentlich heute noch als Norm für den Unterricht im Kontrapunkt, obwohl das Werk schon zur Zeit seines Erscheinens insofern veraltet war, als es nicht die modernen Tonarten, sondern die alten Kirchentöne zur Grundlage seines Systems macht.«Die Kunst des reinen Satzes in der Musik» von Kirnberger ist nicht vollständig; es fehlt besonders der Abschluß der Fugenlehre. Wertvolle Angaben über Sebastians Lehren enthält auch Philipp Emanuels «Versuch über die wahre Art, das Klavier zu spielen», dessen erster Band (1759) die Technik des Klavierspiels behandelt, während der zweite Band (1762) das Generalbaßspiel und die freie Fantasie erläutert. Die Elemente des Generalbaßspiels hat Sebastian selber im Klavierbüchlein der Anna Magdalena Bach (1725) aufgezeichnet und auf sein Diktat geht ein in Spittas Bach-Biographie (Bd. II, S. 913–950) abgedruckter Traktat zurück, betitelt: «Des Königlichen Hoffcompositeurs etc. Herrn Johann Sebastian Bach zu Leipzig Vorschriften und Grundsätze zum vierstimmigen Spielen des Generalbaß oder Accompagnement für seine Scholaren in der Music. 1738.»

(S. 78) *Johann Kaspar Vogler* (1696–1765), Hoforganist zu Weimar, war in Arnstadt Sebastians Schüler, 1737 gab er «Vermischte Choralgedanken» heraus. *Gottfried August Homilius* (1714–1785), Kantor an der Kreuzschule zu Dresden, ein heute noch nicht ganz vergessener Komponist, war in Leipzig Sebastians Schüler. Ebenso *Christoph Tranchel* (gest. 1800), ein gefeierter Klavierlehrer in Dresden, und *Johann Gottlieb Goldberg* (geb. um 1730), der zuerst den Unterricht Wilhelm Friedemanns, sodann

(1741) den Sebastians genoß, der für ihn die «Goldbergschen» Variationen komponierte. Goldberg starb jung als Kammermusikus des Grafen Brühl. *Johann Ludwig Krebs* (1713–1780), dessen Vater schon in Weimar ein Schüler Sebastians gewesen war, besuchte von 1726 bis 1735 die Thomasschule zu Leipzig und bekleidete später Organistenposten in Zwickau, Zeitz und Altenburg. *Johann Christoph Altnikol* vermählte sich am 20. Januar 1749 mit Elisabeth Juliane Friederike Bach, wurde 1748 Organist zu Naumburg und starb dort 1759. *Johann Friedrich Agricola* (1720–1774) war in Leipzig Sebastians Schüler, kam 1759 als Nachfolger von K. H. Graun nach Berlin als Dirigent der königlichen Kapelle und war Mitarbeiter an Adlungs «Musica mechanica organoedi». *Johann Gottfried Müthel* (1720–1790) war 1750 Sebastians Schüler und nach dessen Tod noch kurze Zeit Altnikols Schüler in Altenburg, 1753 kam er nach Riga, wo er später Organist der Hauptkirche wurde. Über *Kirnberger* siehe auch S. 119. Forkel überschätzt Kirnberger als Theoretiker. Kirnberger hat das zweifelhafte Verdienst, Rameaus große Fortschritte in der Erkenntnis des Wesens der Harmonie nicht verstanden und die Lehre wieder in das Geleise des nüchternsten Schematismus zurückgeführt zu haben (Riemann); die «wahren Grundsätze zum Gebrauch der Harmonie» erschienen zwar 1773 unter seinem Namen, haben aber seinen Schüler J. P. Schulz zum Verfasser. *Johann Christian Kittel* (1732–1809) war der letzte Schüler Sebastians, er wurde zuerst Organist in Langensalza, dann bis an sein Lebensende in Erfurt, von wo aus er auch Konzertreisen unternahm.

Johann Martin Schubart war der erste Schüler Sebastians. Er begleitete seinen Meister von Mühlhausen nach Weimar und wurde da 1717 Sebastians Nachfolger als Hoforganist und Kammermusikus. Weiterhin sind als Sebastians Schüler bekannt geworden: Johann Kaspar Ziegler, Organist der Ulrichskirche in Halle; Bernhard Bach (1700–1743), sein Neffe aus Ohrdruf; Heinrich Nikolaus Gerber (1702–1775), Hoforganist in Sondershausen; Samuel Anton Bach (1713–1781), Hoforganist zu Meiningen; Johann Ernst Bach (1722–1777), Kapellmeister in Weimar; Johann Elias Bach (1705–1755), Kantor zu Schweinfurt; Johann Schneider (1702–1787), Organist der Nikolaikirche zu Leipzig; Georg Friedrich Einicke (geb. 1710), Kantor zu Frankenhausen; Johann Friedrich Doles (1715–1797), Thomaskantor zu Leipzig; *Wilhelm Friedemann* (1710–1784) war der begabteste unter den Söhnen Sebastians und der besondere Liebling des Vaters. Von 1733–1747 war er Organist an der Sophienkirche zu Dresden, von 1747–1764 an der Marienkirche zu Halle a. S. Nachdem er dieses Amt wegen seiner Extravaganzen verloren hatte, nahm er keine feste Stelle mehr an, sondern führte bis an sein Lebensende einen vagabundierenden Lebenswandel und starb als ein verkommenes Genie in des Wortes wahrem Sinne. Die wenigen Kompositionen, die von ihm erhalten blieben, verraten einen durchaus individuellen Stil, der oft durch innigen Ausdruck überrascht. *Karl Philipp Emanuel* (1714–1788) wirkte von 1740–1767 als Kammercembalist Friedrichs des Großen in Berlin und nachher, bis zu seinem Tode, hochangesehen als Kirchenmusikdirektor in

Hamburg. Als Komponist, vor allem für das Clavichord, wurde er der eigentliche Repräsentant des Zeitalters der Empfindsamkeit. *Johann Christoph Friedrich* (1732-1795), Kapellmeister zu Bückeburg, war ebenfalls ein fleißiger Komponist, der jedoch an Bedeutung hinter seinen Brüdern zurücksteht. Der jüngste Sohn Sebastians: *Johann Christian* (1735-1782), zuerst in Mailand, dann in London als Musikmeister der Königin tätig, ist mit seinen Kompositionen einer der wichtigsten Förderer des modernen klassischen Stils der Musik geworden. Seine Bedeutung, die lange herabgesetzt worden ist, liegt nicht in der Vokalmusik, sondern in seinen Instrumentalwerken, mit welchen er auf Mozart einen großen Einfluß ausübte.

<h2 style="text-align:center">VIII.</h2>

Einen reizenden Einblick in das *häusliche Leben* der Bachschen Familie gewährt uns ein Brief Sebastians, den er am 28. Oktober 1730 an seinen Jugendfreund Erdmann schrieb. Es heißt da in bezug auf seine Kinder: «Ingesamt aber sind sie gebohrne Musici und kann versichern, daß schon ein Concert vocaliter und instrumentaliter mit meiner Familie formieren kan, zumahle da meine itzige Frau gar einen saubern Soprano singet, und auch meine älteste Tochter nicht schlimm einschläget.»

(S. 84) *Konrad Friedrich Hurlebusch* (1696-1765) war ein unruhiger Geist, der sehr oft seine Stellung wechselte, bis er 1737 Organist der reformierten Kirche in Amsterdam wurde. Es haben sich von ihm eine Anzahl Kompositionen erhalten.

(S. 85) Über *Johann Joseph Fux* siehe S. 123, über *Reinhard Keiser* S. 120. *Antonio Caldara* (1670–1736) begann als Cellist an der Markuskirche in Venedig, war dann in Wien, in Rom, in Madrid tätig, zuletzt wieder in Wien als Vizekapellmeister der kaiserlichen Kapelle. Er war seinerzeit ein hochangesehener und fruchtbarer Komponist. Er schrieb nicht weniger als vierundsiebzig Opern und Serenaden, zweiunddreißig Oratorien, Messen, Motetten, Kantaten, sowie viele Instrumentalwerke. *Johann Adolf Hasse* (1699–1783) war einer der fruchtbarsten Komponisten des 18. Jahrhunderts, der besonders als Opernkomponist sehr gefeiert wurde. Seine Laufbahn begann er als Bühnensänger. Ende 1722 ging er nach Italien, um Kompositionsstudien zu betreiben, wurde in Venedig Kapellmeister und vermählte sich mit der berühmten Sängerin *Faustina Bordoni.* 1731 ging Hasse als kgl. Kapellmeister nach Dresden, zugleich wurde seine Frau als Primadonna engagiert. Bald war er aber wieder in Italien und erst 1740 wurde er an der Dresdener Oper seßhaft. 1763, nach dem Tode Friedrich Augusts, wurden Hasse und seine Frau entlassen. Beide begaben sich nach Wien, dann nach Venedig, wo Hasse bis zu seinem Tode als gefeierter Komponist lebte. Er schrieb über achtzig Opern, vierzehn Oratorien, fünf Tedeums mit Orchester, viele Messen usw., sowie eine stattliche Anzahl von Instrumentalkompositionen. *Johann Gottlieb Graun* (1698–1771) lernte bei Pisendel in Dresden und Tartini in

Padua das Violinspiel und trat 1732 in Dienst des preußischen Kronprinzen (nachmals Friedrich II.) zu Rheinsberg als Konzertmeister. Er schrieb ca. hundert Sinfonien, Ouvertüren, Violinkonzerte, Streichquartette, Trios etc. Sein jüngerer Bruder *Karl Heinrich Graun* (1701–1759) betätigte sich anfänglich als Opernsänger, bald aber als Opernkomponist und Kapellmeister. Friedrich der Große berief ihn zuerst nach Rheinsberg, dann (1740) nach Berlin, wo er als Kapellmeister mit der Errichtung einer Oper betraut wurde. Graun und Hasse waren lange Zeit fast allein die Maestri, welche für die Berliner Oper komponierten. Unter seinen vielen Werken ist jedoch nicht eine Oper, sondern sein Passionsoratorium «Der Tod Jesu» (1750) bis heute bekannt geblieben. *Georg Philipp Telemann* (1681–1767) war der gefeiertste Zeitgenosse Sebastians. Er hatte an der Universität Leipzig Jurisprudenz und neuere Sprachen studiert, betätigte sich aber schon mit zwölf Jahren als Komponist einer Oper. 1708 kam er als Konzertmeister nach Eisenach und wurde dort 1709 zum Hofkapellmeister ernannt. Er befreundete sich mit Sebastian und wurde der Pate Philipp Emanuels. 1721 kam er als städtischer Musikdirektor nach Hamburg, wo er bis zu seinem Tode verblieb. Als Komponist war er unbeschreiblich fruchtbar. Er soll zwölf vollständige Kirchenjahrgänge Kantaten und Motetten, vierundvierzig Passionsmusiken, zweiunddreißig Musiken für Predigerinstallationen, dreiunddreißig «Hamburger Kapitänsmusiken», zwanzig Jubel-, Krönungs- und Einweihungsmusiken usw. geschrieben haben, ferner sechshundert Ouvertüren, vierzig Opern, eine unübersehbare Reihe von Instrumentalmusiken und Kammermusikwerken. *Johann Dismas Zelenka* (1679–1745) wurde 1710 Kontrabassist der kgl. polnischen Kapelle zu Dresden, später erhielt er den Posten des zweiten, dann des ersten Kapellmeisters dieser Kapelle. Er komponierte zwanzig Messen, drei Requiems, drei Oratorien usw. *Franz Benda* (1709–1786), war ein böhmischer Violinvirtuose, der 1733 in der Kapelle des preußischen Kronprinzen (nachmals Friedrichs des Großen) angestellt wurde. 1771 wurde er königlicher Konzertmeister. Mit seinen Violinkompositionen wurde er einer der Hauptrepräsentanten der Berliner Schule. *Georg Friedrich Händel* (1685–1759), der bekannte Komponist, begleitete 1716 den englischen König Georg I. nach Hannover und besuchte von da aus seine Heimat Halle und seine Mutter.

(S. 88) *Lorenz Christoph Mizler* (1711–1778) genoß als Student den Klavierunterricht Sebastians und gründete 1738 in Leipzig die «Sozietät der musikalischen Wissenschaften», die zum Hauptzweck hatte, die Gesetze der Komposition zu ergründen.

IX. und X.

Abschnitt IX ist inhaltlich wohl der schwächste Teil des ganzen Büchleins. Weil Sebastian an seinen Werken, wenn er sie neu abschreiben mußte, fortwährend weiter schuf, hielt sie Forkel für verbesserungsbedürftig; wie er ja überhaupt Sebastian die Meisterschaft erst von seinem fünfunddreißigsten Altersjahr zubilligen wollte. Dabei konnte es Forkel passieren, daß er Änderungen von fremder Hand als Verbesserungen Sebastians ansah und pries. Forkel war in seinem Urteil eben doch noch sehr befangen, denn er hatte trotz seiner löblichen Begeisterung nur eine recht unvollkommene Ahnung von der ganzen und wahren Größe Sebastians. Das zeigt sich immer da, wo Forkel seine ästhetischen Begriffe im einzelnen auf eine Komposition Sebastians anwendet, um ein Urteil zu fällen. Darum haben wir den ursprünglichen Abschnitt IX seines Büchleins, der sich mit einer natürlich nur sehr unvollständigen Aufzählung und Beurteilung der Bachschen Werke befaßt, als Ganzes weggelassen. Die heute noch interessierenden Stellen dieses Abschnitts sind im Werkverzeichnis des Anhangs jeweils bei der betreffenden Komposition eingefügt. – In Abschnitt X, in der abschließenden Würdigung Sebastians, bringt Forkel dagegen wieder heute noch gültige Worte vor, denn da redet er die Sprache seines begeisterten Herzens und kündet als ein Rufer in der Wüste von der Größe seines beinahe vergessenen Meisters, dessen Wiederkunft damals noch nichts weniger als gesichert war. Mit Sebastian Bach wurde am 31. Juli 1750 auch die polyphone Satzkunst zu Grabe getragen. Schon zu seinen Lebzeiten war längst eine neue, melodische Kunst, die *Klassik* eingeleitet worden und die vorwärts strebenden Meister dieser neuen Kunst hatten für die alten Fugenmeister, diese «gelehrten Perücken», nicht das geringste Verständnis mehr übrig. Schon die komponieren-

den Söhne des Meisters trennt eine Welt von ihrem
Vater, und vollends Haydn, Mozart und Beethoven, das
Dreigestirn der Wiener Klassik, brachte den alten Thomaskantor vollkommen in Vergessenheit. Erst mit dem
Erwachen des historischen Geistes in der Romantik war
die Voraussetzung geschaffen für eine Wiederentdeckung
Sebastian Bachs. Noch 1827 konnte *Karl Friedrich Zelter*
in einem Brief an Goethe schreiben: «Der alte Bach ist
mit aller Originalität ein Sohn seines Landes und seiner
Zeit und hat dem Einflusse der Franzosen, namentlich
des Couperin, nicht entgehen können. Man will sich
auch wohl gefällig erweisen, und so entsteht, was nicht
besteht. Dies Fremde kann man ihm aber abnehmen wie
einen dünnen Schaum, und der lichte Gehalt liegt unmittelbar drunter. So habe ich mir für mich alleine
manche seiner Kirchenstücke zugerichtet und das Herz
sagt mir, der alte Bach nickt mir zu, wie der gute Haydn:
‚Ja, ja, so hab' ich's gewollt'.»
Zwei Jahre später, am 11. März 1829, vollbrachte der
zwanzigjährige *Felix Mendelssohn* die größte Tat für Bach,
indem er mit dem Chor der Berliner Singakademie die
Matthäuspassion zum erstenmal seit Bachs Tod wieder
zur Aufführung brachte. Damit war das Eis gebrochen
und die eigentliche Wiederentdeckung der Bachschen
Werke konnte einsetzen. Im Juli des Jahres 1850 kam
die *Bachgesellschaft* zustande, am 27. Januar 1900 lag
der letzte, fünfundvierzigste Jahrgang der *Gesamtausgabe*
seiner Werke vor, und 1874 und 1880 ließ *Philipp Spitta*
die beiden Bände seiner monumentalen Bach-Biographie
erscheinen. Das sind die wichtigsten Marksteine einer

bis heute fortschreitenden *Bach-Renaissance*, die der alte
Forkel einst vorbereiten half, mit seinem Büchlein
«Über Johann Sebastian Bachs Leben, Kunst und
Kunstwerke».

WERKVERZEICHNIS

(Zusammengestellt nach C. S. Terry: J. S. Bach,
Leipzig, 1929, S. 362 ff.)

I. VOKALKOMPOSITIONEN

Nach Forkel soll Bach «Fünf vollständige Jahrgänge von
Kirchenstücken auf alle Sonn- und Festtage» geschrieben
haben. Das ergäbe rund 295 *Kantaten*, von denen 190
Kantaten erhalten sind. Vier dieser Kantaten sind vor
1708 entstanden. In Weimar (1708–1717) komponierte
Bach etwa zwanzig, in Köthen (1717–1723) zwei, in Leipzig (1723–1750) hundertsiebzig noch erhaltene Kantaten.

Von den fünf *Passionsmusiken*, die Forkel anführt, ist
die Lukaspassion unecht, zwei sind verloren. Die *Jo-
hannespassion* entstand 1723, die *Matthäuspassion* 1729.

In *Leipzig* entstanden ferner: *Magnificat* D-dur (1723);
Sanctus C-dur, D-dur (ca. 1723), d-moll, G-dur; *Trauer-
ode* (1727), *h-moll-Messe* (1733-1738), *Weihnachtsoratorium*
(1734), fünf *Motetten*, drei *Choräle* zu Trauungen, *Him-
melfahrts-Oratorium* (1735), *Schemellis Gesangbuch* (1736),
Oster-Oratorium (1736), Vier *Messen*, F-dur, A-dur (ca.
1737), g-moll, G-dur (ca. 1738).

Von den rund fünfundzwanzig *weltlichen* oder *italienischen Kantaten* entstanden in Weimar eine, in Köthen
drei, die übrigen in Leipzig.

Zu den «Sing-Compositionen» bemerkt Forkel: «Die
meisten dieser Werke sind aber nun zerstreut. Die
(Kantaten-) Jahrgänge wurden nach des Verfassers Tode
unter die ältern Söhne verteilt, und zwar so, daß Wilhelm

Friedemann das meiste davon bekam, weil er in seiner damaligen Stelle zu Halle den meisten Gebrauch davon machen konnte. Seine nachherigen Umstände nötigten ihn, das, was er erhalten hatte, nach und nach zu veräußern. Von den übrigen größern Singwerken ist ebenfalls nichts mehr beisammen. Bloß von den doppelchörigen Motetten sind noch acht bis zehn vorhanden; aber ebenfalls nicht in einer, sondern in mehrern Bänden. In dem an das Joachimstalische Gymnasium zu Berlin vermachten musikalischen Nachlaß der Prinzessin Amalia von Preußen befindet sich von Bachischen Singkompositionen vielleicht noch am meisten beisammen, obgleich ebenfalls nicht viel.»

II. INSTRUMENTALKOMPOSITIONEN

Orgelmusik

(P.= Peters-Ausgabe der Instrumentalmusik)

Zu den «Orgelsachen» bemerkt Forkel: «Das Pedal ist ein wesentliches Stück der Orgel: durch dieses allein wird sie über alle anderen Instrumente erhoben, indem das Prachtvolle, Große und Majestätische derselben davon abhängt. Ohne Pedal ist dieses große Instrument nicht mehr groß, sondern nähert sich den kleinen Positiven, die in den Augen des Kenners keinen Wert haben. Aber die große, mit dem Pedal versehene Orgel muß so behandelt werden, daß ihr Umfang erschöpft wird, das heißt: der Spieler und Komponist muß alles von ihr fordern, was sie leisten kann. Noch niemand hat dies mehr getan als J. S. Bach, nicht bloß durch seine reiche, dem Instrumente angemessene Melodie und Harmonie, sondern auch dadurch, daß er dem Pedal seine eigene Stimme gab. »

Bis 1708 entstanden:

Präludium und Fuge c-moll (ca. 1702; P. 243, S. 32).
Präludium und Fuge C-dur (ca. 1707, P. 242, S. 62).
Kl. Präludium und Fuge a-moll (ca. 1702; P. 242, S. 84).
Fuge c-moll (ca. 1702; P. 243, S. 50; ? C. Ph. Em. Bach).
Fuge c-moll auf ein Thema von Legrenzi (ca. 1708;
   P. 243, S. 36).
Fuge h-moll auf ein Thema von Corelli (P. 243, S. 46).
Fuge D-dur (P. 2067, S. 22).
Fuge G-dur (P. 2067, S. 18).
Fuge G-dur (P. 2067, S. 12).
Fuge g-moll (P. 247, S. 85).
Präludium a-moll (ca. 1706; P. 243, S. 68).
Präludium C-dur (P. 247, S. 76).
Präludium G-dur (ca. 1702; P. 247, S. 82).
Fantasie und Fuge a-moll (P. 2067, S. 3).
Zwei Fantasien G-dur (P. 243, S. 58; P. 2067, S. 25).
Pastorale F-dur (P. 240, S. 86).
Drei Choralpartiten (P. 244).

In Weimar komponiert (1708–1717):

Passacaglia und Fuge c-moll (P. 240, S. 75).
Vier Konzerte nach Vivaldi (P. 247).
Acht kleine Präludien und Fugen (P. 247).
Orgelbüchlein (? 1717; P. 244; P. 246, S. 86).

Aria F-dur (P. 2067, S. 34).
Fantasie con imitazioni h-moll (P. 215, S. 41).
Fantasie C-dur (P. 247, S. 78).
Fantasie c-moll (P. 243, S. 66).
Trio c-moll (P. 2067, S. 30).
Trio d-moll (P. 243, S. 72).
Canzone d-moll (ca. 1714; P. 243, S. 54).
Alla breve D-dur (P. 247, S. 72).
Präludium und Fuge C-dur (P. 243, S. 2).
Kl. Präludium und Fuge e-moll (P. 242, S. 88).
Präludium und Fuge D-dur (P. 243, S. 14).
Gr. Präludium und Fuge a-moll (P. 241, S. 54).
Präludium und Fuge A-dur (P. 241, S. 14).
Gr. Präludium und Fuge c-moll (P. 241, S. 36).
Präludium und Fuge f-moll (P. 241, S. 29).
Präludium und Fuge G-dur (P. 243, S. 8).
Präludium und Fuge g-moll (ca. 1712; P. 242, S. 48).
Toccata und Fuge d-moll (P. 243, S. 24).
Gr. Toccata und Fuge C-dur (P. 242, S. 72).
Gr. Toccata und Fuge F-dur (P. 242, S. 16).
Toccata und Fuge («dorische») d-moll (P. 242, S. 30).
Fantasie und Fuge c-moll (P. 242, S. 55).
Präludium G-dur (P. 247, S. 82).
Präludium C-dur (P. 247, S. 77).
Kl. Fuge g-moll (P. 243, S. 42).
Fuge C-dur (P. 247, S. 80).

In Köthen komponiert (1717–1723):

Großes Präludium (Fantasie) und Fuge g-moll (1720;
    P. 142, S. 20).

In Leipzig komponiert (1723–1750):

Gr. Präludium und Fuge G-dur (1724 oder 1725; P. 241,
    S. 7).
Sechs Sonaten, Es-dur, c-moll, d-moll, e-moll, C-dur,
    G-dur (1727–1733; P. 240).
Zu den «sechs Sonaten oder Trio für zwei Claviere mit
dem obligaten Pedal» bemerkt Forkel: «Bach hat sie
für seinen ältesten Sohn, Wilhelm Friedemann, auf-
gesetzt, welcher sich damit zu dem großen Orgelspieler
vorbereiten mußte, der er nachher geworden ist. Man
kann von ihrer Schönheit nicht genug sagen. Sie sind in
dem reifsten Alter des Verfassers gemacht, und können
als das Hauptwerk desselben in dieser Art angesehen
werden.»

Präludium und Fuge C-dur (ca. 1730; P. 241, S. 2).
Präludium und Fuge d-moll (P. 242, S. 42).
Choralpräludien zum lutherischen Katechismus (im
    III. Teil der Clavierübung; 1739) (P. 242, 244–246).
Fuge d-moll (ebenda; 1739; P. 246, S. 78).
Präludium und Fuge Es-dur (ebenda; 1739; P. 242, S. 2).
Gr. Präludium und Fuge C-dur (P. 241, S. 46).
Gr. Präludium und Fuge h-moll (P. 241, S. 78).·
Gr. Präludium und Fuge e-moll (P. 241, S. 64).
Canonische Veränderungen über «Vom Himmel hoch»
    (1746; P. 244, S. 92).

«Es sind 5 Veränderungen worin eine große Menge canoni-
scher Künste auf die zwangloseste Art angebracht ist.»

Sechs Choralvorspiele, von Schübler gestochen (ca. 1747–
    1750; P. 245, 246).
Forkel schreibt dazu: «Sie sind voll Würde und andächtigen Ausdrucks. Bei einigen derselben kann man
sehen, wie Bach im Registrieren von der gewöhnlichen
Art abging. So gibt er z. B. im zweiten Choral: «Wo soll
ich fliehen hin» dem ersten Clavier acht, dem zweiten
sechzehn und dem Pedal vier Fußton. Das Pedal hat
nämlich den Cantum firmum (die Melodie) zu führen.»

Achtzehn Choralvorspiele (ca. 1747–1750; P. 245, 246).
Das Musicalische Opfer (1747; P. 219).
Die Kunst der Fuge (1749; P. 218).
Forkel bemerkt darüber: «Dies vortreffliche, einzige
Werk in seiner Art kam erst nach des Verfassers Tod
im Jahre 1752 heraus, war aber noch bei seinem Leben
größtenteils durch einen seiner Söhne graviert worden.
Marpurg, damals am Ruder der musikalischen Schrift-
stellerei in Deutschland, begleitete die Ausgabe mit einer
Vorrede, worin sehr viel Gutes und Wahres über den
Wert und Nutzen solcher Kunstwerke gesagt ist. Aber
diese Bachische Kunst der Fuge war doch für die große
Welt zu hoch; sie mußte sich in die kleine, mit sehr
wenigen Kennern bevölkerte Welt zurückziehen. Diese
kleine Welt war sehr bald mit Abdrücken versorgt; die
Kupferplatten blieben ungenutzt liegen, und wurden
endlich von den Erben als altes Kupfer verkauft. Wäre ein
Werk dieser Art außerhalb Deutschlands von einem so
außerordentlich berühmten Mann, wie Bach, zum Vorschein gekommen, und noch außerdem durch einen

Schriftsteller, der in diesem Fache öffentlichen Glauben hatte, als etwas Außerordentliches empfohlen worden, so würden aus bloßem Patriotismus vielleicht zehn Prachtausgaben davon vergriffen worden sein. In Deutschland wurden nicht einmal soviel einzelne Exemplare von einem *solchen* Werke abgesetzt, daß die dazu erforderlichen Kupferplatten mit deren Ertrag bezahlt werden konnten.

Das Werk besteht übrigens aus Variationen im großen. Die Absicht des Verfassers war nämlich, anschaulich zu machen, was möglicherweise über ein Fugenthema gemacht werden könne. Die Variationen, welche sämtlich vollständige Fugen über einerlei Thema sind, werden hier Contrapuncte genannt. Die vorletzte Fuge hat drei Themata; im dritten gibt sich der Komponist namentlich durch b a c h zu erkennen. Diese Fuge wurde aber durch die Augenkrankheit des Verfassers unterbrochen, und konnte, da seine Operation unglücklich ausfiel, nicht vollendet werden. Sonst soll er willens gewesen sein, in der allerletzten Fuge vier Themata zu nehmen, sie in allen vier Stimmen umzukehren, und sein großes Werk damit zu beschließen. Alle die in diesem Werk vorkommenden verschiedenen Gattungen von Fugen über einerlei Hauptsatz haben übrigens das gemeinschaftliche Verdienst, daß alle Stimmen darin gehörig singen, und keine weniger als die andere.

Zum Ersatz des Fehlenden an der letzten Fuge ist dem Werke am Schluß der vierstimmig ausgearbeitete Choral: «Wenn wir in höchsten Nöten sind» beigefügt worden. Bach hat ihn in seiner Blindheit, wenige Tage vor seinem

Ende seinem Schwiegersohn Altnikol in die Feder diktiert. Von der in diesem Choral liegenden Kunst will ich nichts sagen; sie war dem Verfasser desselben so geläufig geworden, daß er sie auch in der Krankheit ausüben konnte. Aber der darin liegende Ausdruck von frommer Ergebung und Andacht hat mich stets ergriffen, sooft ich ihn gespielt habe, so daß ich kaum sagen kann, was ich lieber entbehren wollte, diesen Choral oder das Ende der letzten Fuge.»

Klaviermusik

Bis 1708 entstanden:

Capriccio sopra la lontananza del suo fratello dilettissimo
    (1704; P. 208, S. 62).
Capriccio in honorem Joh. Christoph Bachii, Ohrdruf
    (ca. 1704; P. 215, S. 34).
Sonate D-dur (ca. 1704; P. 215, S. 44).
Fantasie und Fughetta B-dur (P. 212, S. 58).
Fantasie und Fughetta D-dur (P. 212, S. 60).

In Weimar komponiert (1708–1717):

Sechzehn Konzerte nach Vivaldi (ca. 1708–1712; P. 217).
Toccaten (ca. 1708–1712) D-dur (P. 211, S. 28), G-dur
    (P. 215, S. 19), d-moll (P. 210, S. 68), g-moll (P. 211,
    S. 4), e-moll (P. 210, S. 23).
Aria variata alla maniera Italiana (ca. 1708–1712; P. 215,
    S. 12).

Präludium und Fuge a-moll (ca. 1715; P. 211, S. 14).
Fugen A-dur (P. 215, S. 52, 57).
Fuge h-moll (P. 214, S. 48).
Fuge A-dur (P. 212, S. 66).
Fuge a-moll (P. 212, S. 70).
Fantasie g-moll (P. 215, S. 32).
Fantasie h-moll (P. 215, S. 41).
Fantasie D-dur (P. 211, S. 28).
Fantasie a-moll (ca. 1710; P. 215, S. 5).

In Köthen komponiert (1717–1723):

Clavierbüchlein vor Wilhelm Friedemann Bach (1720).
Chromatische Phantasie und Fuge (ca. 1720–1723; P. 207,
    S. 4).
Zur Chromatischen Phantasie bemerkt Forkel: «Unendliche Mühe habe ich mir gegeben, noch ein Stück dieser Art von Bach aufzufinden. Aber vergeblich. Diese Fantasie ist einzig und hat nie ihresgleichen gehabt. Ich erhielt sie zuerst von Wilhelm Friedemann aus Braunschweig. Einer seiner und meiner Freunde, der gerne Knittelverse machte, schrieb auf ein beigelegtes Blatt:

    Anbei kommt an
    Etwas Musik von Sebastian,
    Sonst genannt: Fantasia cromatica;
    Bleibt schön in alle Saecula.

Sonderbar ist es, daß diese so außerordentlich kunstreiche Arbeit auf den allerungeübtesten Zuhörer Eindruck macht, wenn sie nur irgend reinlich vorgetragen wird.»

Clavierbüchlein vor A. M. Bachin (1722; P. 1959).
Das Wohltemperierte Klavier, I. Teil (1722; P. 2790a).
Sechs französische Suiten (ca. 1722; P. 202 und 2793).

Forkel schreibt dazu: «Man nennt sie gewöhnlich Französische Suiten, weil sie im französischen Geschmack geschrieben sind. Seinem Zweck nach ist hier der Komponist weniger gelehrt als in seinen andern Suiten, und hat sich meistens einer lieblichen, mehr hervorstechenden Melodie bedient. Insbesondere verdient die fünfte Suite in dieser Rücksicht bemerkt zu werden, in welcher sämtliche einzelne Stücke von der sanftesten Melodie sind, so wie in der letzten Gigue nichts als konsonierende Intervalle, insbesondere aber Sexten und Terzen gebraucht werden.»

Sechs englische Suiten (vor 1726; P. 203/04 u. 2794/95). «Sie sind unter dem Namen der Englischen Suiten bekannt, weil sie der Komponist für einen vornehmen Engländer gemacht hat. Sie sind alle von großem Kunstwert; aber einige einzelne Stücke derselben, z. B. die Giguen der 5. und 6. Suite sind als höchste Meisterstücke origineller Melodie und Harmonie zu betrachten.» (Forkel.)

Fantasie und Fuge a-moll (P. 208, S. 50).
Fuge a-moll (P. 207, S. 16).
Zwölf kleine Präludien und sechs Präludien für Anfänger
ca. 1722; P. 200 und 2791).
Inventionen und Symphonien (? 1723; P. 201 und 2792).

«Man nannte einen musikalischen Satz, der so beschaffen war, daß aus ihm durch Nachahmung und Versetzung der Stimmen die Folge eines ganzen Stücks entwickelt werden konnte, eine Invention. Das übrige war Ausarbeitung und bedurfte, wenn man die Hilfsmittel der Entwicklung gehörig kannte, nicht erst erfunden zu werden. Diese fünfzehn Inventionen sind zur Bildung eines angehenden Klavierspielers von großem Nutzen. Der Verfasser hat darauf gesehen, daß dadurch nicht nur eine Hand wie die andre, sondern auch ein Finger wie der andre gebildet werden kann. Durch ein sorgfältiges Studium derselben kann man sich zu den größern Stücken Joh. Seb. Bachs am besten vorbereiten. Die fünfzehn dreistimmigen Inventionen, die auch unter dem Namen Sinfonien bekannt sind, haben einerlei Zweck mit den vorhergehenden, sollen nur weiter führen.» (Forkel.)

Toccaten fis-moll und c-moll (P. 210, S. 30 und 40).
Suiten a-moll, Es-dur, e-moll, F-dur und f-moll (Fragment) (P. 214, S. 54, 62, 68; P. 215, S. 27; P. 212, S. 84).
Präludium und Fuge Es-dur (P. 214, S. 40).

In Leipzig komponiert (1723–1750):

Notenbuch vor Anna Magdalena Bach (1725; P. 1959).
Clavierübung, I.Teil: sechs Partiten (1731; P. 205/206 oder 2796/2797).
«Dies Werk machte zu seiner Zeit in der musikalischen Welt großes Aufsehen; man hatte noch nie so vortreffliche Clavierkompositionen gesehen und gehört. Wer

einige Stücke daraus recht gut vortragen lernte, konnte
sein Glück in der Welt damit machen; und noch in un-
serm Zeitalter wird sich ein junger Künstler Ehre damit
erwerben können, so glänzend, wohlklingend, ausdrucksvoll und immer neu sind sie.» (Forkel.)

Clavierübung, II. Teil: Italienisches Konzert (P. 207)
    und Partita a-moll (1735; P. 208).
Fantasie und Fuge c-moll (ca. 1738; P. 207, S. 50, und
    P. 212, S. 88).
Clavierübung, III. Teil: Vier Duette (1739; P. 208).
Clavierübung, IV. Teil: Goldberg-Variationen (1742;
    P. 209).
Forkel bemerkt dazu: «Dies bewundernswürdige Werk
besteht aus dreißig Veränderungen, worunter Canones
in allen Intervallen und Bewegungen vom Einklang bis
zur None mit dem faßlichsten und fließendsten Gesange
vorkommen. Auch ist eine reguläre vierstimmige Fuge,
und außer vielen andern höchst glänzenden Variationen
für zwei Claviere (Manuale) zuletzt noch ein sogenanntes
Quodlibet darin enthalten, welches schon allein seinen
Meister unsterblich machen könnte, ob es gleich hier bei
weitem noch nicht die erste Partie ist.
Dieses Modell, nach welchem alle Variationen gemacht
werden sollten, obgleich aus begreiflichen Ursachen noch
keine einzige darnach gemacht worden ist, haben wir der
Veranlassung des ehemaligen russischen Gesandten am
kursächsischen Hofe, des Grafen Kaiserling, zu danken,
welcher sich oft in Leipzig aufhielt, und den schon genannten Goldberg mit dahin brachte, um ihn von Bach

in der Musik unterrichten zu lassen. Der Graf kränkelte
viel und hatte dann schlaflose Nächte. Goldberg, der bei
ihm im Hause wohnte, mußte in solchen Zeiten in einem
Nebenzimmer die Nacht zubringen, um ihm während
der Schlaflosigkeit etwas vorzuspielen. Einst äußerte der
Graf gegen Bach, daß er gern einige Klavierstücke für
seinen Goldberg haben möchte, die so sanften und etwas
muntern Charakters wären, daß er dadurch in seinen
schlaflosen Nächten ein wenig aufgeheitert werden
könnte. Bach glaubte, diesen Wunsch am besten durch
Variationen erfüllen zu können, die er bisher, der stets
gleichen Grundharmonie wegen, für eine undankbare
Arbeit gehalten hatte. Aber so wie um diese Zeit alle
seine Werke schon Kunstmuster waren, so wurden auch
diese Variationen unter seiner Hand dazu. Auch hat er
nur ein einziges Muster dieser Art geliefert. Der Graf
nannte sie hernach nur *seine* Variationen. Er konnte sich
nicht satt daran hören, und lange Zeit hindurch hieß es
nun, wenn schlaflose Nächte kamen: ‚Lieber Goldberg,
spiele mir doch eine von meinen Variationen.‘ Bach ist
vielleicht nie für eine seiner Arbeiten so belohnt worden
wie für diese. Der Graf machte ihm ein Geschenk mit
einem goldenen Becher, welcher mit hundert Louisdor
angefüllt war. Allein ihr Kunstwert ist dennoch, wenn
das Geschenk auch tausendmal größer gewesen wäre,
damit noch nicht bezahlt».

Das Wohltemperierte Klavier, II. Teil (1744; P. 1 b oder
    2790 b).

In Köthen komponiert (1717–1723):

Sechs Sonaten (Suiten) für Violine solo (ca. 1720; P. 228).
Sechs Sonaten (Suiten) für Cello solo (ca. 1720, P. 238a).
«Die Violinsolos wurden lange Jahre hindurch von den größten Violinisten allgemein für das beste Mittel gehalten, einen Lehrbegierigen seines Instruments völlig mächtig zu machen. Die Violoncell-Solos sind in dieser Rücksicht von gleichem Wert.» (Forkel.)

Sechs Sonaten für Violine und Klavier (P. 232, 232a, 233, 233a).
«Sie sind zu Köthen verfertigt und können in dieser Art unter Bachs erste Meisterstücke gerechnet werden. Sie sind durchgehends fugiert; auch einige Canones zwischen dem Clavier und der Violine kommen darin vor, die äußerst sangbar und charaktervoll sind. Die Violinstimme erfordert einen Meister. Bach kannte die Möglichkeiten dieses Instruments und schonte es ebensowenig, als er sein Klavier schonte.» (Forkel.)

Suite A-dur für Violine und Klavier (P. 236).
Vier Inventionen für Violine und Klavier (P. 2957).
Sonate e-moll für Violine und Klavier (P. 236).
Fuge g-moll für Violine und Klavier (P. 236).
Sechs Sonaten für Flöte und Klavier (P. 234/235).
Sonate C-dur für zwei Violinen und Klavier (P. 237).
Drei Sonaten für Viola da Gamba und Klavier (P. 239).

Sonate G-dur für zwei Flöten und Klavier (P. 239, S. 2).
Sonate G-dur für Violine, Flöte und Klavier (P 237).

In Leipzig komponiert (1723–1750):

Sonate für Violine, Flöte und Klavier c-moll (im «Musi-
    calischen Opfer»; 1747; P. 237, S. 3).
Drei Partiten für Laute (? 1740).

Orchestermusik

In Köthen komponiert (1717–1723):

Sechs Brandenburgische Konzerte (1721; P. 261–266).
Vier Suiten (Ouvertüren) (P. 267–269, 2068).
Drei Konzerte für Violine und Orchester (P. 229, 230).
Konzert d-moll für zwei Violinen und Orchester (P. 231).

In Leipzig komponiert (1723–1750):

Konzerte C-dur, c-moll und c-moll für zwei Klaviere und
    Orchester (1727–1736; P. 256, 257, 257b).
Forkel bemerkt dazu: «Das erste ist sehr alt, das zweite
aber so neu, als wenn es erst gestern komponiert worden
wäre. Es kann ganz ohne Begleitung der Bogeninstrumente bestehen, und nimmt sich sodann ganz vortrefflich aus. Das letzte Allegro ist eine streng und pracht-
voll gearbeitete Fuge. Auch diese Gattung hat Bach zuerst vervollkommnet, vielleicht gar zuerst versucht. Mir
ist wenigstens nur ein einziger Versuch dieser Art von
einem andern Komponisten bekannt geworden, der viel-

leicht älter sein könnte. Wilhelm Hieronymus Pachelbel
zu Nürnberg hat ihn in einer sogenannten Toccata gemacht. Allein teils war Pachelbel ein Zeitgenosse Bachs,
könnte also leicht durch ihn zu seinem Versuch veranlaßt worden sein; teils ist auch sein Versuch so beschaffen,
daß er kaum in Betracht kommen kann. Ein Instrument
spielt die vorgespielten Sätze des andern bloß nach, ohne
im mindesten dagegen zu certieren (konzertieren). Überhaupt scheint es, als wenn Bach um diese Zeit alles habe
versuchen wollen, was sich mit vielen und wenigen
Stimmen ausrichten lasse. So wie er bis zu einer einstimmigen Musik herunterstieg, worin alles zur Vollständigkeit Erforderliche zusammengedrängt war, so
stieg er nun hinauf, um so viele an sich schon reiche
Instrumente miteinander zu verbinden, als nur möglich
sein könnte.»

Sieben Konzerte für Klavier und Orchester (1729–1736;
    P. 248–254).
Konzert a-moll für Violine, Flöte, Klavier und Orchester
    (ca. 1730; P. 255).
Konzert a-moll für vier Klaviere und Orchester (ca. 1733;
    P. 260).
«Von der Wirkung dieses Konzerts kann ich nicht ur-
teilen, da es mir nie gelungen ist, vier Instrumente und
vier Spieler dazu zusammenzubringen. Daß es aber vortrefflich gearbeitet sei, läßt sich aus der Vergleichung
der einzelnen Stimmen sehen.» (Forkel.)

Konzerte d-moll und C-dur für drei Klaviere und Or-
    chester (ca. 1733; P. 258, 259).

„Bei diesen Konzerten ist merkwürdig, daß außer der harmonischen Verwebung und beständigen Konzertation der drei Hauptinstrumente auch die Bogeninstrumente ihr eigenes Wesen untereinander treiben. Man begreift die Kunst kaum, die bei dieser Arbeit angewendet worden ist. Wenn man nun noch hinzudenkt, daß diese so kunstreichen Werke zugleich so fein, charakter- und ausdrucksvoll sind, als wenn der Komponist nur eine einfache Melodie zu handhaben gehabt hätte, wie dies besonders der Fall im Konzert aus d-moll ist, so weiß man kaum, was man vor Verwunderung sagen soll.» (Forkel.)